El abrazo que transforma el amor de la pareja

Cécile Kachadourian

EDITORIAL
PAX
MÉXICO

EL LIBRO MUERE CUANDO LO FOTOCOPIAN

COORDINACIÓN EDITORIAL: Matilde Schoenfeld
CUIDADO DE EDICIÓN: Sagrario Nava
PORTADA: Victor M. Santos Gally

© 2008 Editorial Pax México, Librería Carlos Cesarman, S.A.
Av. Cuauhtémoc 1430
Col. Santa Cruz Atoyac
México D.F. 03310
Teléfono: 5605 7677
Fax: 5605 7600
editorialpax@editorialpax.com
www.editorialpax.com

Primera edición
ISBN 978-968-860-904-0
Reservados todos los derechos
Impreso en México / *Printed in Mexico*

Índice

Dedicatoria

A mis padres, quienes además de darme la vida y tanto amor, me enseñaron que la pareja cuenta con un equilibrio propio que no se puede juzgar. Al hombre de mi vida, Luis Enrique, quien permitió con nuestra unión que mi amor se expandiera para descubrir el amor en la pareja. A mis hijos, Ana Clara, Rodrigo Andranik y Valentina, que me enseñaron por su necesidad a no dudar de mi amor.

A mis hermanos y hermanas de sangre y de vida.

A todos y todas quienes me dejaron ver en los abrazos sus almas, manteniendo en alto mi fe. A todos, gracias.

Gracias a Michette, mi mamá, a Ana García, a Françoise Jamain, a Raquel García Noguerón, a Marcela Magdaleno, a Artemisa Martínez, y a Hélène Blocquaux, mi puente con Francia, mi reflejo para unir mi separación cultural. Gracias a estas grandes mujeres al servicio del amor y cuya espada es la palabra escrita. Gracias por invitarme a usarla y a recuperar mi esencia.

Gracias a Hilda Díaz, Martha Welch y Harald Hohnen por alumbrarme el camino.

Gracias a México, el país de la vinculación que nutrió y acogió tan generosamente a mi familia hace 50 años, que buscaba un lugar donde anidar. Le pido humildemente disculpas por todas las veces que lo juzgué y desprecié: era dolor por no encontrar mi identidad.

A ti, querido lector, querida lectora, espero encuentres aquí aquello que te ayude a comprender; para que si alguna vez llegas a pensar que es mejor separarse del otro para no sufrir o hacer sufrir, o si llegas a sentir ganas de abandonar o maltratar a los que más amas, o te maltratas a ti, recurras a un salvavidas archivado en algún remoto rincón de tus pensamientos y hagas un abrazo.

Toute vie véritable est une rencontre
La vida verdadera es un encuentro
MARTIN BUBER[1]

---

[1] Investigando un poco sobre Buber, un filósofo-teólogo judío, he descubierto que esa cita es el resumen de su pensamiento, la tesis central de su trabajo, que desarrolla en el libro *Ich und Du*, traducido al inglés como *I and You*.

Introducción

Suleika quería compartir. No sabía cómo hacerlo, tenía miedo de evidenciar la separación que existía entre lo que enseñaba y su vida personal. Sabía que aún le faltaba mucho para lograr unificarse, que tardaría su vida entera y quizá más, y que cada año nuevo significaría para ella un poco más de integración. Tenía 38 años, sabía que se encontraba en una etapa de su proceso y que sólo podría escribir hasta donde la vida se lo había permitido.

Reconociendo sus límites, apuntaba con mucha dedicación todos los comentarios que hacían en su consulta las personas mayores que ella. En especial, prestaba mucha atención a lo que su madre le contaba acerca de las grandes contradicciones de la vida en pareja, de su locura intrínseca[2] y de lo complicado que resultaba tratar de vivirla sin darse cuenta del dolor que les había producido a sus hijos. Recordó el día que la visitó una mujer de 58 años, recién egresada de un hospital psiquiátrico.

Suleika no atinó a decir nada. Al final de la sesión se disculpó por haber anotado las locuras más sabias que jamás había escuchado. ¿Cómo cobrarle esta consulta?

Se dejó llevar por el movimiento de su alma y decidió exponerse y dar lo que era con la comprensión rescatada de sus abrazos personales y de los que había orientado en su consulta.

Hasta el abrazo, Suleika había vivido de una manera extraña. Lejos de sí misma.

---

2 Edgar Morin, *Amour, Poesie, Sagesse,* Editorial Points Adagp, París, 1999.

A los 15 años, con letras de sangre, escribió en su diario: "Tendrán mi cuerpo pero nada más. Nunca mi alma".

Era momento de sentirse y redactar un ensayo sobre el abrazo.

Trataría sobre el tema de pareja.

Quería demostrar que era una técnica efectiva y afectiva.

Comenzó así...

...Cuando dos cuerpos se acercan, el alma habla.

El alma dice que el cuerpo sirve para unir y así vencer la separación.

El cuerpo no es el enemigo del alma, es su mejor aliado.

El abrazo terapéutico es el medio para reconocerlo y para lograr la unidad olvidada.

Qué mejor recurso que la relación de pareja para evidenciar que el abrazo y la unión de los cuerpos y por tanto de las almas están al servicio de la vida.

Abrazando al otro, se abraza la esencia, y al hacerlo se abraza el todo en un inexplicable movimiento de unidad.

En contacto con la esencia, la vida es magia y como dice Paulo Coelho, "el universo entero confabula a tu favor".

Porque todo proceso personal es una invitación a reencontrarnos con nuestra esencia y porque lo más difícil es creernos en verdad lo que somos, no perdernos en la ilusión de ser construidos por ojos ajenos, ojos que separan...

Suleika quiere compartir lo aprendido al acompañar parejas en una etapa de su crecimiento, como individuos y como proyecto de vida en común.

Rescatar la capacidad de amar es el resultado de un proceso de vinculación. Mediante un proceso auto formativo,[3] vincu-

---

[3] Proceso auto formativo de aceptación. Con la misma estructura con la que se estudia una ciencia o una materia se debe hacer un proceso de vinculación que consiste en lograr una aceptación personal, y debe emprenderse con conciencia y como una meta.

larse significa la aceptación de la esencia, y la esencia sólo sabe amar. El corazón se abre cuando deja de tener miedo. Miedo a sufrir, miedo al dolor y miedo a perder.

Cuando el conocimiento se hace vida, cuando pasa a través de la experiencia y por tanto por el corazón, suele perder la lógica del pensamiento mecanicista de la naturaleza y adquiere una dimensión inusitada. La comprensión de las cosas va más allá del pensamiento dual y separado,[4] que proviene del sistema de pensamiento imperante en nuestras culturas de separación.[5] Ir contra la lógica es un acto de rebeldía y de vitalidad. Tiene que ver con la energía del adolescente, quien mantiene todavía la esperanza de trascender los límites y rescatar la chispa del amor.

Por su contenido, escribir este libro se convirtió en una nueva aventura para Suleika. Se iniciaba una nueva etapa de su proceso.

Había que pasar de la oralidad a la escritura, para plasmar una realidad mucho más real que la que hasta antes del abrazo se le había revelado y mantener la intensidad del instante que se traduce en la práctica cotidiana, en la congruencia entre todas las facetas de su vida, en el despertar de un deseo consciente de abrazar la vida, de fundirse con ella, de hacerle el amor. Suleika nunca imaginó lo que le sucedería al abrir la puerta de la escritura y adentrarse en el jardín de las letritas.

Pensaba que bastaría con exponer teóricamente una nueva corriente terapéutica.

Para empezar este proyecto, había que encontrar el vínculo entre su yo y el otro: un rostro que reflejara la necesidad de las pa-

---

4 Dualidad y Unidad, Pathwork 146, Pierrakos Eva. *Vivir sin máscaras* de Thesenga Susan, Editorial Pax México, cap. 1, 1995.

5 Rupert Sheldrake, *Una nueva ciencia de la vida*. Editorial Kairos, Barcelona, 1990. p. 48.

rejas en el contexto histórico actual para responder a sus preguntas. Se escogió a sí misma.

Suleika aún no sabía bien de dónde era, pero se conectaba en el corazón con el francés, el lenguaje del amor, el idioma de su madre. Éste le ayudaría a desentrañar la memoria de su historia paterna, la historia de Armenia, para embonar con su esencia.

Suleika creía responder a la necesidad que había percibido en las parejas. En realidad también respondía a su propia necesidad, pero era más fácil hablar de las necesidades ajenas.

Concluyó, después de muchos años de escuchar a las parejas, que la necesidad es rescatar la vitalidad y el amor de la relación.

Las parejas necesitan volver a creer en su sentido, necesitan volver a creer que son el puente con la vida y que por ellas fluye el amor. Las parejas piden que su relación sea desenmascarada, solicitan soltar las ataduras del alma, piden ver lo que no se puede ver.

Quieren afirmar los vínculos del alma.

Las parejas pueden rescatarse si tocan en ellas el fondo del dolor. La pareja invita a dejarse llevar y tocar la muerte para alcanzar la vida. Quedarse en las paredes del pozo impide llegar al agua. Alcanzar el placer profundo implica el paso obligado por el dolor profundo, que al ser contactado se libera.

Esta aventura la llevaría a descubrir más allá del rescate de la pareja, su misterio.

Es difícil pero necesario develar el significado profundo de la pareja en una actualidad que evita a toda costa el dolor. Sociedad de la aspirina y la curita. Sociedad que acelera un desarrollo tecnológico basado en la búsqueda de armas y herramientas capaces de dividir y separar para no sentir y controlar. Una sociedad manejada por una publicidad despiadada en la que la confusión se adueña de la capacidad de reconocer lo que se siente y necesita. Una sociedad gobernada por la razón y alejada del corazón, permeada a la vez por teorías difíciles de ser refutadas dentro del orden lógico convencional.

Este libro no podrá comprenderse más que con el corazón. Para leerlo, hay que tener el corazón vinculado con la sabiduría del alma.

Existen muchas propuestas para aprender a amar, desde la de Erich Fromm hasta la de Bert Hellinger. A Suleika le impactaron varias. Pero la del abrazo le cimbró el alma. Después de estudiar con Martha Welch,[6] encontró su esencia plasmada en la novela La isla de los zurdos *de Alexandre Jardin.*

Para aprender a amar y no dejarse atrapar por lo que la sociedad espera, había que aislarse en una isla, la isla de los zurdos, e ir contra la línea de conducta establecida por los diestros. La novela plantea que sólo aislados de la presión social sería posible rescatar el amor verdadero.

Con el abrazo se rescata la capacidad de amar y no es necesario aislarse; por el contrario, hay que vincularse, fortalecer los vínculos, unirse en niveles profundos del alma. Si el destino del hombre es aprender a amar, la humanidad entera está esperando que alguien se acerque, hable y ame sin miedo. Las canciones de moda de cualquier época hablan de la necesidad inmensa del otro de revelar lo irrevelable, reclaman asertividad, desnudarse ante necesidades que son tan simples que se olvidan. Ponerlas en evidencia sin separación es el reto. Al evidenciar la necesidad real, satisfacerla se hace de manera natural.

El abrazo funciona, da resultados palpables y a través de los testimonios se evidencia su eficacia y se recuerda la capacidad de amar.

---

6 Martha Welch, psiquiatra norteamericana que desafió al sistema médico al poner énfasis en el vínculo madre-hijo como el origen de mucho de los trastornos actuales del comportamiento (vea Bibliografía).

Todo lo escrito aquí emerge de la experiencia. Ha sido observado en los abrazos. Apareció. Es pura fenomenología. Se trata de dejar, sin intervenir, que aparezca lo que es y sólo lo que es, sin intención ni juicio. De pronto aparece como un destello,[7] lo que no podía verse: el alma.

---

[7] Bert Helinger, *Reconocer lo que es*, Editorial Herder, Barcelona, 2001, p. 41.

Las crisis

Las personas que piden ayuda para salvar su relación de pareja se encuentran en un momento de crisis. No encuentran pareja, la pareja actual está en crisis, sienten que están estancados, cansados o que se fue el amor. En ese momento las personas se sienten devaluadas y con culpa, pues sienten que son los únicos responsables de lo que sucede o se hallan en una posición de espera o de pérdida de poder porque responsabilizan al otro de todos los problemas. Intentan por sí mismos solucionar la crisis, pero sus esfuerzos están condenados al fracaso mientras no vean lo que esconde el dolor. Saben que tiene que haber un cambio pero quieren que esos movimientos hacia algo nuevo se hagan sin lastimarse y sin lastimar a otros.

Los principales temas de crisis que presentan las parejas son los de separación, problemas en torno a la sexualidad, deficiencia en la comunicación, conflictos económicos, comportamientos destructivos y diferencias en cuanto a la educación de los hijos, entre otros.

Aunque éstos parecen ser los problemas reales, existe un problema mayor escondido en el inconsciente. Lo que percibimos como real no lo es. La percepción es incorrecta. Ahí los temas encuentran entre sí un denominador común. El alma está reclamando su unidad. Grita su impotencia en esas expresiones de separación y fisura. El problema real consiste en la separación de las almas.

Cuando un niño nace, su alma es muy frágil, muy suave. Ella cubre o tapa todos los potenciales humanos y también todas las creencias que la alejan de lo que realmente es. Para poder resolver las concepciones equivocadas que adopta para proteger a su suave alma y que se arraigan en conceptos de separación, éstas deben hacerse conscientes. Se hacen conscientes cuando las experiencias externas las retan. Las crisis siempre sacan a flote lo que está escondido. Al salir a la superficie es posible discernir lo real de lo falso, es posible identificar el problema real. Si no se ven las heridas del alma resulta difícil sanarlas. El propósito entonces de las crisis reside en permitirle al individuo encontrarse con su potencial, liberar las ideas equivocadas y tener una vida más productiva, sana y feliz.

Objetivos del proceso de vinculación

El proceso de sanación consiste en descubrir la realidad escondida bajo la apariencia, la ilusión.

Para lograrlo, se propone un proceso de vinculación* que permita ver el problema tal como es y no lo que aparenta, para que ya identificada la causa se le pueda resolver desde la raíz y no en las ramas.

Ofrecer el abrazo como propuesta efectiva y sin separación para salir de la crisis, resignificar la relación y abrir espacio a los cambios personales profundos son el reto.

A lo largo del proceso de vinculación los miembros de la pareja van escuchando y comprendiendo el alma y descubren:

* ❖ El significado de los vínculos (padres, parejas anteriores, hermanos, hijos) y el poder que tienen para reconocerse.
* ❖ Las creencias equivocadas que se adoptaron para proteger el alma pero que alejaron de la esencia.
* ❖ El significado profundo de la relación de pareja.
* ❖ La necesidad de romper con modelos de separación, dirigiéndose con voluntad hacia propuestas de unificación y reencuentro.
* ❖ Que el abrazo del cuerpo es la única herramienta capaz de unificar cuerpo que separa y alma que une.
* ❖ La posibilidad de remover los obstáculos para tener experiencias de vida más plenas e incluso cósmicas.

❖ El abrazo como una herramienta que permite de manera rápida, precisa y eficaz recuperar autoestima y poder y definir dónde termina el individuo y dónde empieza la pareja.

❖ Los beneficios y aplicaciones del abrazo.

❖ Contar con los recursos para enfrentar la crisis.

❖ Sin olvidar lo que separa a las parejas.

❖ El origen real de los conflictos de pareja.

❖ La necesidad de cerrar o concluir los aspectos de la infancia proyectados en la pareja.

❖ La necesidad de aceptar y ver al otro tal como es.

❖ La necesidad de liberarse de las cargas transgeneracionales que le impiden amar.

De adentro hacia fuera

La propuesta de vinculación es una propuesta de desarrollo estrechamente ligada a la experiencia personal.

Lo que se experimenta en el exterior, tanto en la vida como en la pareja, la familia o en la práctica profesional, no está separado de la vivencia personal. Lo que se ve afuera está adentro.

Compartir las nuevas comprensiones que el abrazo ofrece no puede realizarse sin que estas comprensiones se lleven a cabo en el corazón. El alma las dice y el corazón las recibe. Compartir lo aprendido implica compartir la historia personal.[8] Se comparte con el corazón lo que viene de la experiencia.

Lo vivido ha sido necesario para que Suleika pueda ejercer su profesión como terapeuta de vinculación y del abrazo. Aunque por haber sentido en sí misma las rupturas y las separaciones de sus ancestros, y por amor a ellos, Suleika había estado a punto de renunciar varias veces a su capacidad de amar.

Había sentido las rupturas ocasionadas por su historia personal, que la invitó innumerables veces a huir del amor para no sentir nuevamente el dolor.

Había sido testigo de las rupturas y separaciones de sus clientes, quienes generosamente habían mostrado en el colchón de su con-

---

8 Iván Boszormenyi (en *Lealtades invisibles*, Editorial Amorrortu, Buenos Aires, 1967), manifiesta la importancia de considerar la historia personal en varias generaciones para identificar el origen profundo del comportamiento y del pensamiento. Vea Ursula Franke, *Cuando cierro los ojos te puedo ver*, Editorial Alma Lepik, Buenos Aires, 2001, p. 20.

sultorio sus heridas; de éstas brotaba su tierna esencia, la savia de la vida. Eso la motivaba, mantenía en alto su fe, le impedía huir.

Por su experiencia le era imposible exponer y desarrollar su tesis como un mero ensayo. Explicar que el abrazo permite en breve tiempo que el ser humano se convierta en lo que es, que deje de huir de su esencia y rompa con el mito de la separación se haría necesariamente con testimonios.

Darse cuenta de que resultaría ineludible implicarse personalmente en el desarrollo de su propuesta, asustó a Suleika. Detuvo el ensayo. Estas afirmaciones eran demasiado peligrosas para ella. Ahora su alma no le daría tregua y le exigiría hacer con ella lo mismo que planteaba y sin salida alguna.

Pensaba que podía engañar así una vez más a la muerte, dividiéndose con mentiras de amor. Vana ilusión.

Retomó su proyecto tres años después. Lo primero que hizo fue compartir su propia historia.

Testimonio de Suleika

En el instante de mi concepción, jalada por dos fuerzas –el esperma y el óvulo– se inició la larga carrera. Había recibido la antorcha que pasaría a alguien más cuando en mi vientre se iniciara el nuevo milagro.

Sólo acercándome de tal forma a mí podría descubrir y escuchar el secreto que mantendría prendida la llama...

¿Cuál es el secreto? Mirar la vida misma y no la ilusión, su pálido reflejo.

¿Qué es la ilusión? Separación: lucha, guerra, dolor, miedo, pérdidas, frustración, duda, angustias, control, impotencia, nada, no se ve lo esencial.

¿Qué es lo esencial? Lo primero.

¿Qué es lo primero? La vida.

¿Qué es lo segundo? La forma en que se perpetúa la vida.

¿De dónde saco la fuerza para yo ser lo segundo? Desde el centro.

¿Qué es el centro? La nada.

¿Cómo soporto la nada? Sabiendo que lo eres todo.

¿Qué es el todo? La vida.

Sólo abrazándome, completamente y sin límite, podría aceptar que yo y la vida éramos lo mismo, que la vida es un milagro y que también soy un milagro.

Su formación como terapeuta de vinculación se resume en una serie de encuentros que le ayudaron a avanzar en este camino que llamamos vida.

Aunque inicia con su nacimiento, los padres que tuvo, la historia de sus ancestros, sus hermanos, sus amigas, amigos, amores, quería empezar la historia desde el momento en que llegó a sus manos el libro de Martha Welch Holding Time. *Gracias a él había descubierto que existía un abrazo, una técnica simple, natural e instintiva, eficaz y capaz, en corto tiempo, de ayudar a recordar la capacidad de amar y ser amados: la terapia de abrazo.*

En esa época se encontraba desesperada, vivía atormentada, no podía tener más bendiciones en su vida y sin embargo nada le parecía suficiente ni la satisfacía. Además, sentía un profundo vacío a pesar de tener un marido que la amaba y un hijo. Vivían en un lugar muy bello pero ella no podía ver el mundo a colores; sólo podía verlo en blanco y negro y con los tonos grises intermedios. Era como si flotara por encima de la vida la mayor parte del tiempo y aterrizaba sólo cuando se peleaba o discutía con alguna persona amada. Su cuerpo lastimado gritaba que no podía ser feliz, que eso era algo imposible y que las expresiones de la vida, como el amor, dar vida, no tenían ningún sentido. Con el nacimiento de su segundo hijo las cosas empeoraron. Desde el embarazo, tuvo problemas. La sensación consistía en que en el primer parto su memoria corporal había despertado sin poder comprender qué era. La manera de manifestarse representaba una gran dificultad para integrar su maternidad. Se sentía partida en dos e incapaz de reconciliar las partes. No tenía una actitud nutriente hacia sus hijos a los que tanto amaba y día a día sentía más enojo contra su marido. Ese malestar redundaba en actitudes muy alejadas del amor. Era como si al nutrir a sus hijos se reavivara una fractura interna, una profunda desdicha, una sensación de no merecer, de ser culpable de algo inexplicable, como si estuviera traicionando a alguien o a algo. No entendía por qué actuaba así.

Poco a poco comprendió que su mente y su corazón estaban en otra parte, anclados en su pasado y en el de sus ancestros. En su

cuerpo residía la memoria de los muertos del genocidio armenio.[9]
Ese amor se había hecho realidad sufriendo en carne propia la
muerte a través de los abusos. Los amaba ciegamente. Su matri-
monio y la maternidad que le siguió abrieron las heridas del pa-
sado y de su primera infancia. Evitaba a toda costa el dolor, tenía
terror de volver a sentirlo y en un intento de anestesiarlo adopta-
ba actitudes que lo hacían cada vez más insoportable y más pro-
fundo. Al querer dar lo mejor de sí y vivir en la frustración de no
lograrlo, vino lo peor: la culpa. Esa sensación que quema, mata,
aniquila y confirma que no se merece nada. Así fue tejiendo el des-
enlace con sus seres mas queridos.

No podía valorar lo que tenía, era un pozo sin fondo y su fal-
ta de paz interior repercutía en ellos y confirmaba gradualmente
que era un monstruo que acabaría deshaciendo a quienes más
amaba. Y ante eso no había muchas salidas; sólo dos: los mataba
o se mataba. Prefirió lo segundo e intentó separarse de sus hijos sa-
biendo que moriría de dolor, pero creyendo firmemente a la vez
que era su única salida. Secretamente se reuniría con el millón y
medio de armenios masacrados. Estaba dispuesta a sacrificarse,
pero el dolor y el amor eran mayores. Aquí es donde empieza esta
historia de vinculación. Exactamente en el filo entre la vida y la

---

[9] "¿Quién, después de todo, habla hoy de la exterminación de los armenios?" Estas palabras de Adolfo Hitler en 1939, para alentar las masacres de los polacos,
resume a su manera la tragedia que ocurrió en Armenia 34 años antes, en 1915,
cuando un millón y medio de armenios fueron exterminados por el gobierno turco. El plan que llevó a la ejecución de esa minoría cristiana y de lo que quedaba
del imperio otomano, con la ayuda de tecnología moderna (teléfono y ferroca-
rril), es considerado el primer genocidio del siglo XX. De hecho la palabra "genocidio" fue definida por el intelectual polaco Rápale Lemkin en 1943 con el fin de
describir las tragedias armenia y judía. Sin embargo, los gobiernos de Turquía,
Estados Unidos e Israel aún no reconocen oficialmente el genocidio armenio (el
primero porque ese hecho histórico cuestiona las fundaciones del estado moder-
no turco y los otros por razones geoestratégicas). Esta falta de reconocimiento representa un obstáculo para el duelo de los sobrevivientes y contribuye a que el
trauma de ese doloroso evento se siga transmitiendo de generación en generación,
según el psiquiatra y psicoanalista francés de origen armenio Edouard Zarifian.

muerte, entre la unión y la separación. Después de varias terapias, encontró la terapia del abrazo que le ayudaría a salir de la ambivalencia amor-odio que la tenía a tal punto atrapada.

Un día, que se convirtió en el parteaguas de esta historia, llegó su hijo de tres años con un libro en la mano y le pidió que le leyera ese "cuento". Era el libro de Martha Welch que había comprado cinco meses antes en Phoenix, en ocasión de un congreso de parteras y que había arrumbado a su regreso sin prestarle mayor atención. El libro que cambiaría su vida. En ese instante supo que ésa era su oportunidad, y después de observar las fotos hizo con cada uno de sus hijos un abrazo. Fue muy duro resistir sin apoyo. A pesar de sus gritos histéricos y desesperados continuó abrazándolos. Ya los lastimaba con sus permanentes idas y venidas y en ese momento ya no tenía otra opción, se encontraba como madre en un punto doloroso y difícil de resolver: pensaba que lejos de su familia les haría menos daño. Después de muchas horas de resistencia se hizo el milagro: sus hijos se calmaron, y ella sintió una paz interior olvidada. La vieron a los ojos, confiados, entregados, indefensos, esperando ser amados. Volvieron a intercambiar esa mirada, la primera mirada del primer encuentro y Suleika sintió cómo su pecho y su corazón estaban llenos de amor, apreció el verde intenso de los árboles y sintió una felicidad sin límites. No había duda: en ella habitaba el amor. A partir de ese día la vida tomaba su verdadero color.

Durante un año hizo abrazos diariamente con sus hijos, escondida en la alacena por miedo a que no la comprendieran y la tacharon de abusiva o loca. Seguía haciéndolos porque los resultados eran asombrosos, además de sentir cada día mayor dicha. En quince días el desarrollo motor y del lenguaje se hizo notar. Los niños y ella se relacionaban mucho mejor, los disfrutaba y empezaba a jugar con ellos. Personas cercanas que observaban los cambios de la familia inquirían para saber del "método". Así empezó a compartir su locura. Los resultados eran notorios, no sólo se trata-

ba de su alucinación o su deseo de estar mejor, eran cambios tangibles y visibles. Comenzaron los abrazos con otros y el impacto seguía dejando huella. Esto era lo que le tocaba hacer en la vida. Compartir su milagro. Pensaba que seguramente no era la única madre del mundo que amaba a sus hijos y al mismo tiempo los detestaba. Seguramente no era la única persona que sufría de esa manera. Contactó a Martha Welch y le pidió que la capacitara para hacer abrazos. La respuesta y formación que obtuvo, fue la mejor: un entrenamiento entero y de vida en dos palabras: Do it. Ésa fue su respuesta y la mejor formación que pudo recibir. A partir de ahí ya no percibió la vida de la misma manera, ya no podía vivir igual. Gracias al abrazo había adquirido una nueva percepción de la vida y una nueva forma de vivirla. Esto sólo fue el principio, el comienzo. Todo lo que pasó después fue mejor.

Los abrazos que realizó de manera personal, con su marido, los abrazos con su madre y con su hermano, tuvieron tal impacto en su vida y más adelante en la de tantas personas, que quiso escribir un libro para compartir sus beneficios.

Fueron los abrazos de pareja los que la llevaron a ver su profundo miedo al amor y a reconocerse. En cada abrazo gritaban los fantasmas lastimados de su historia y el de tantos otros antes de ella. En los abrazos con su marido no sólo revivió los abusos de su propia historia, sino el miedo y el desamor, las traiciones, encuentros y desencuentros de sus ancestros.

En uno de los abrazos sintió cómo su cuerpo se convertía en un desierto estéril y humillado y su memoria conectada con la memoria de los sobrevivientes que le dieron la vida, comenzó a gritar y liberó de su cuerpo el dolor. Poco a poco empezó el proceso de rendición, hasta el día que pudo decirle a su amor, "te amo, más allá de mí y más allá de ti, te amo".

Viva la esperanza, confiaba en que existía algo más grande y bello atrás del dolor.

La gran pregunta era cómo lograrlo. La respuesta se fue dando como un acto de fe. Abrazaba y abrazaba y abrazando al otro, fortaleciendo sus vínculos, encontró la respuesta. A través de la unidad con el otro encontró el camino hacia la unidad interna y así se abrazó.

El problema siguiente consistía en cómo llevar a una pareja al abrazo cuando lo que menos deseaba al hallarse en crisis era acercarse. Los cuerpos se rechazaban antes de siquiera intentar acercarse. Abrazar sin cuestionar la voluntad y el deseo ofrecía las respuestas a todas las preguntas.

Su práctica, basada en la experiencia diaria del abrazo, le permitió confiar plenamente en la dinámica de esta técnica y en su proceso.

Representa una síntesis del proceso individual de cada ser humano, y del proceso de desarrollo enmarcado en el proceso evolutivo de la condición humana en general. Posteriormente integró los nuevos paradigmas de Bert Hellinger con las constelaciones familiares fenomenológicas sistémicas. Darle un orden al amor la ayudó mucho a entender la importancia de fortalecer los vínculos para que puedan contener el amor.

Harald Hohnen, su maestro, alumno de Bert Hellinger, le permitió comprender el enfoque sistémico. Con ello reforzó sus nuevas percepciones de la vida adquirida en los abrazos y que embonaban perfectamente con lo que iba descubriendo. Al fin las cosas empezaban a tomar sentido y las causas de los problemas de las personas eran planteadas de un modo que a la mayoría de la gente le parecía insensato. Por ejemplo, la relación entre un cáncer de pulmón en una joven mujer con el hecho de que su abuela hubiera tenido que exiliarse durante la guerra civil española abandonando su patria no parecía guardar una conexión.

Tampoco parecía lógico que una relación con mucho amor estuviera destinada al fracaso si ambos no reconocían en su corazón a la primera esposa del novio. Sin embargo, esta nueva mirada se sostenía en Suleika por su sencillez y por el bienestar que le producía comprender una problemática personal y de vida desde una perspectiva en la que todos los aspectos de la condición humana son importantes y merecen ser considerados. Ver trabajar a Harald sin miedo a decir las cosas como son, le dio la oportunidad de entender que el respeto al otro significa en primera instancia confiar en la capacidad que se tiene de ver, manejar y asumir la propia vida. Plantear las cosas como son, directamente, le dan al ser humano la posibilidad de recuperar su responsabilidad, es decir su poder personal y, al hacerlo, recuperar su dignidad.

Desde su experiencia personal y su quehacer profesional integró poco a poco los principios del abrazo con los de las constelaciones familiares y con partes de concepciones del mundo y filosofías que embonaban en su corazón: la teoría del placer y frustración de Freud y su planteamiento del desarrollo basado en el impulso de la libido; el inconsciente colectivo y la sombra de Jung; el rescate del amor y la esperanza de bienestar de Erich Fromm; Eric Berne y su análisis transaccional; Ignace Lepp y el análisis existencial imbuido de metafísica y un profundo amor por la vida; el enfoque humanista de Maslow; las obras de Rogers y Perls; el enfoque corporal de Thérèse Bertherat; la concepción unificada de la vida del método pathwork, y la psicología transpersonal, entre otros.

Las teorías impactaban su mente, resistente a lo que su alma ya sabía y que se manifestaba constantemente en los abrazos de los demás a los que supervisaba.

La terapia de vinculación fue el resultado de este proceso.

A través del abrazo aprendió a creer en ella y a confiar en que todo lo que había vivido tenía una razón de ser; tuvo entonces la certeza de que sus experiencias, aunque dolorosas, eran perfectas para llevar a cabo su misión: unir.

El abrazo le permitió descubrir el proceso de la vida y ver más allá de cada destino. Descubrir un lugar a lo lejos donde todo se une y encuentra su sentido y su movimiento. Al descubrir las bon-

dades del abrazo sentía crecer en ella un poder que la invitaba a compartirlo, era imposible detenerse. Suleika empezó a capacitar personas interesadas en practicar esta técnica novedosa. Ya no cabía la menor duda, dedicaría su vida a construir una red en la que el amor y la unidad contrarrestarían el odio y la separación, de este modo aportaría un granito de arena para construir una sociedad mejor.

Si acaso quería sorprenderla la duda, sólo pensaba en cómo había empezado todo esto, y emergía ese deseo enorme, irreprimible de compartir este aprendizaje que la había convertido en una apasionada del abrazo y que estaba transformando a diario a la cenicienta en princesa y a los días grises en luminosos, a las crisis y momentos duros en las mejores oportunidades de verse a sí misma, reconocerse y crecer, y que finalmente la obligaba a abrazar la vida en lugar de la muerte.

Sabe que este desafío tuvo y tiene sentido cuando ve a su marido y a sus hijos.

Cuando observa las vidas de las personas que se han abrazado y la de los que han querido aprender esta nueva propuesta de vida, el camino que han recorrido y el crecimiento de sus familias, cuando ve su pasión, sus ganas de compartir el abrazo, entonces tiene la certeza de que nunca caminó a oscuras, que nunca perdió el rumbo en este deseo de despertar el amor por la vida y poner en evidencia con un abrazo que el amor y la unidad existen, aunque nadie lo quiera ver, aunque todos lo nieguen, aunque se esmeren con tenacidad y precisión en destruirlo, puede crearse una red de vinculación.

Esta red está basada en el concepto de auto formación.[10]

---

[10] VINCALMA, apócope de *Vínculos del alma*, se inició en 1995. Su objetivo es llevar a todos los rincones del mundo el abrazo para darles a las nuevas generaciones la posibilidad de vivir más libre y plenamente, desarrollando al máximo sus potencialidades y creando una sociedad más amorosa; una sociedad vinculada y consciente, más regida por la unidad del alma, consciente de que la necesidad de separación como finalidad en sí sólo es un método de control.

Se trata de una información que no hay que buscar muy lejos, no está escrita en ningún libro, no se compra en ninguna tienda, ni se consigue en mensualidades, no hay verdades, ni escuelas, ni religiones que la enseñen de manera completa porque está en nosotros. Porque el hombre y la mujer y toda la naturaleza son esa verdad y esa sabiduría y son nuestros padres, nuestros hermanos, nuestras parejas y nuestros hijos, nuestros vínculos cercanos los que regalan la oportunidad de descubrirla. Es muy simple y a la vez muy accesible.

Resulta tan simple que no podemos verla sino hasta después de haber recorrido un largo y a veces penoso camino de vinculación.

ABRAZAR EN SENTIDO AMPLIO Y CORTO, abrazar al otro, abrazar el dolor, abrazar la herida, abrazar las experiencias difíciles, abrazar las crisis, abrazar la muerte, permite que el amor se ponga por encima de todo; especialmente por encima del odio y la separación.

Suleika después de ver con claridad su proceso se alistó para iniciar el ensayo, síntesis de toda su trayectoria como terapeuta de vinculación.

Tenía varias anotaciones y artículos, diseños de cursos y conferencias. No sabía en qué orden colocar los temas, porque se conectaban todos entre sí. Le hubiera gustado plasmarlos todos juntos tal como en su vivencia, pero para compartirlos había que darles un sentido lineal. Finalmente escogió un orden más o menos lógico, con la repetición de algunos capítulos porque no cabían en un solo lugar. El proceso de vinculación es como el proceso de vida, una espiral en ascenso, con ciclos que parecen repetirse como si fueran idénticos, pero como la espiral es ascendente nunca se está en el mismo lugar. Comenzó por lo primero: la vida.

La vida

Principio y fin.

La pregunta que nos hacemos todos y que se han hecho todos los pensadores a lo largo de la historia tratando de descubrir su misterio, también es tema de los abrazos.

¿Qué es la vida?

¿Cuál es su sentido?

La respuesta es imposible, sólo viviéndola se perfila apenas algo de ella. La vida misma con todas las preguntas sin respuesta, el hecho de buscar encontrarlas es lo que permite estar vivo.

La vida lo es todo. La vida abarca todo lo que vemos, todo lo que sentimos, todo lo que oímos, todo lo que pensamos y percibimos.

La vida busca perpetuarse a sí misma y gusta de no verse fragmentada en percepciones parciales o prejuiciosas. La vida quiere vida y le pone más importancia al hecho de estar vivo y dar vida que a la forma en que ésta se desarrolla o experimenta. Cuando un hijo se pelea con su padre porque le pegaba cuando era niño, le otorga más peso a los golpes que al hecho de haber recibido la vida de él. Al darle más importancia a las experiencias de la vida que a la vida misma ese hombre se aleja de ella. Al aceptar la vida se es partícipe de la creación y de la evolución.

La vida es maravillosa, pero sólo cuando estamos a punto de perderla le damos su valor. Aunque no tengamos la conciencia de su dimensión, la vida se saborea en el deseo de todos los días.

En algunos momentos nos hace dudar de todo. Todo lo que tenemos y que en algún momento sirve, puede convertirse en un arma de doble filo. El coraje puede ser una fuerza pero también puede convertirse a la larga en una debilidad, si estas emociones no son compartidas.

Buscamos una verdad, le dedicamos años, y cuando la encontramos pierde su sentido.

Pero la vida es un proceso que nos invita a descubrir lo importante: la esencia, el alma. Esa esencia que ya conocimos y que será siempre la llama de la existencia.

En el viaje de la vida es importante no perder el alma del niño. En ella nunca se olvidan los sueños que son el motor de la existencia, ya que forman el gusto y el olor de las mañanas. La fe de que toda experiencia tiene un sentido, un para qué.

La vida está en movimiento permanente, en cambio y evolución constante.

La vida es un estado infinito de posibilidades, una suma de verdades infinitas tal como existen experiencias de vida infinitas.

La vida es ilusoriamente dual y sólo a través de la experiencia de la ilusión, que es sinónimo de dolor, de separaciones y sufrimientos, tenemos la fortaleza de correr el telón de la ilusión para entrar en el mundo de la realidad, el mundo de la unidad, el mundo de las posibilidades infinitas. Si nos percibimos unidos al todo sabemos que al tener una idea, ésta se realiza en el mismo instante. Que cualquier acto de amor repercute en todo el universo. Que nada es imposible, que es posible caminar sobre el agua si no se deja entrar la tentación de la duda de la infinita unidad interna y con el todo.

Pero aterrizando a nuestra experiencia vital y de proceso de desarrollo, la vida es un vaivén entre la vinculación-simbiosis y la separación. Dentro de ese gran marco de referencia suceden todos los eventos, nacimientos, matrimonios, separaciones, muertes…

La vida no es lineal, no se explica desde el pensamiento lógico que la quiere enmarcar y definir. La vida representa mucho más que lo que la mente es capaz de interpretar.

La misma interpretación de la vida es una ilusión. La misma narración de las experiencias y testimonios son una ilusión. La vida se siente con mayor intensidad cuando toca la muerte.

Suleika estaba sorprendida. Era como si hubiera vuelto a nacer, pero un aspecto de su pensamiento se mantenía igual. Decía que la vida era una pesadilla en la que había que enfrentar la realidad. Ahora sabía que la realidad hacía de la vida un sueño. Una experiencia milagrosa.

Abraham Maslow nombra esos momentos milagrosos, las experiencias cumbres,[11] como experiencias de máxima unidad.

Las experiencias cumbre que Suleika había presenciado eran los momentos en que se abre una mujer a la muerte en extrema entrega y da vida en el parto, cuando tuvo a sus propios hijos, en sus orgasmos, y en los abrazos. En todos esos momentos sintió al mismo tiempo la muerte y la vida. Entendió que la muerte permite la vida y la vida la muerte.

Narró una de las experiencias de abrazo más lindas a la que había tenido la dicha y la bendición de asistir.

Testimonio
Karen. 39 años. Diseñadora de modas

Viene a consulta Karen, una mujer que se ve construida, entera, segura de lo que es y ha logrado, en fin, una mujer con poder personal. Identifica rápidamente que tendrán muy po-

---

[11] Abraham Maslow es uno de los padres del humanismo, el llamado "sabio" que propone el concepto de experiencias cumbre, como momento en el cual se encuentra el nivel de comunicación más profunda que puede experimentar el ser humano. El estado de unión con el todo, estado de éxtasis.

cas sesiones. La razón de su visita es que su hijo tiene bastante dificultad para expresar las emociones, las retiene con intensidad, con represión y control.

Karen y su novio, Sebastián, eran una pareja perfecta, llena de ilusiones, se llevaban muy bien y embonaban de maravilla. Él era el único entre varios hermanos que había logrado tomar un camino propio, escogido a la mujer que quería y no se había dejado dominar por su madre, quien tenía a todos los hermanos bajo su dominio. Se casaron y a los pocos meses, ya con un recién nacido en brazos, Sebastián sufre un accidente. Comienzan las hospitalizaciones, infarto cerebral, operaciones, silencios, regresiones y nos encontramos con un Sebastián que debe reaprender todo desde cero. Pierde motricidad, habla, memoria. Con hemiplejia izquierda, Sebastián propone un divorcio, pensando que será lo mejor para su hija y su esposa.

Él regresa al lado de la madre. Se halla completamente en sus manos.

El encuentro con Suleika ocurre diez años después. Suleika sugiere una constelación familiar. La constelación permite evidenciar que no existen dos Sebastián, uno antes y otro después del parteaguas, sino uno solo transitando por dos polos, en su proceso de crecimiento y satisfaciendo sus necesidades.

En algunas sesiones con Karen identifican que la represión de emociones hasta ahora le ha permitido mantenerse en pie, firme para no caer ante tal "embestida" de la vida, construirse como la mujer que es, darle a su hijo una educación maravillosa con la estructura necesaria para crecer sin riesgo.

Los límites,[12] en el proceso de crecimiento y sobre todo en la infancia, aunque también en la vida adulta, son la estructura

---

12 Rosa Barocio, *Disciplina con amor*, Editorial Pax México, México, 2004.

que le ofrecen los padres a los hijos para darles un marco de referencia y acción seguros para desarrollarse. Con límites resulta mucho más fácil crecer, estructurar el yo, el sentido de identidad y la fuerza de voluntad. El sentimiento que choca y permite trascender los límites cuando se es capaz de enfrentarse sólo más allá de ellos, es el enojo.

En los adultos estos límites se hallan introyectados y permiten decidir cuál es la actitud correcta según la circunstancia, y a la vez se tendrá como reto superarlos para alcanzar su esencia.

Ahora la vida le pide a Karen moverse, le pide conocerse en la expresión de las emociones. Expresar el lado negativo de lo vivido. Si no lo expresa, quedará atrapada en sólo una parte de la experiencia y perderá la oportunidad de vivir otra de sus facetas.

Suleika le pide que por el bien de su hijo venga con Sebastián, del cual está divorciada desde hace diez años, a un abrazo.

Cómo enojarse con un hombre que lo perdió todo. Cómo expresar su dolor cuando ella está ilesa, cómo darse el lujo de quejarse…

Llegan al abrazo. Ella le pide a Suleika la garantía de que no lastimarán a Sebastián por ningún motivo.

La presencia de Sebastián llenó a Suleika de calma, de claridad, de paz. Les explica la técnica, que para Sebastián parece tener sentido. Le pregunta cómo maneja actualmente sus emociones, a lo que responde que es extremadamente sensible, que puede ver varias veces una película que toca fuertemente las fibras de la sensibilidad. Antes del accidente no era sensible o no lo sentía. Suleika interpreta que gracias a su nuevo estado físico, Sebastián puede contactar emociones a las que antes no tenía acceso. Él contesta: No lo sé. Tal vez, no sé si pueda decirse eso.

Empiezan el abrazo y Suleika se impresiona al presenciar la conexión y el vínculo tan intenso que existe entre ellos.

Se quedan mucho rato, en paz, tranquilos, sólo viviendo la sincronía perfecta de sus cuerpos que es el estado que deseamos alcanzar con el abrazo.

Ella siente algo en el estómago, por el ombligo siente una pulsación, un latido.

Él está cómodo, agradable. No puede pensar en nada, tiene la mente en blanco.

Conexión absoluta con la mente en blanco...

Él le repite a ella, varias veces, que nada puede romper ese vínculo, que están absolutamente conectados. Eso le despierta a ella en el centro de sus caderas un dolor intenso, profundo, insoportable. No intenta quitarlo, no puede quitarlo pero sobre todo no quiere quitarlo. Le pide que lo libere, lo deje salir, y comienza a llorar con un llanto profundo.

Suleika ve cómo el alma de Karen grita y le susurra al oído:

—No quieres, querida, rendirte a lo simple. No quieres, querida ver lo que es.

—Tráeme la experiencia de vida que te obligará a hacerlo. Puedes por favor trascender los límites de lo que parece, puedes vencer el miedo del niño a la muerte, puedes decir TE AMO, puedes decir TÚ Y YO SOMOS LO MISMO...

—Si tan siquiera me dieran más espacios para expresarme. No ves lo que la vida entera intenta decir por mí.

—Si tan siquiera se abrazaran más, se tomaran más de la mano e hicieran más el amor, entonces, escucharían el silencio...

Karen escuchó su alma pero no le gustó y nunca más volvió.

Suleika lloró. Se sintió mal. Pensó que no tenía derecho a confrontar a Karen con su alma si ella no estaba lista. Escribió en una notita:

—La vida no es mi enemiga.

—Solo quiero ser feliz, aprender a ser yo misma, a saber que valgo, y a sentir que a la vida sí la he vivido.

Con esta experiencia, el movimiento del alma de Suleika hacia su rendición de pareja, iniciaba. Su alma clamaba nuevamente por su unidad.

Percibir la vida desde la perspectiva del alma en el cuerpo, de lo que significa la pareja, significa entender primero las necesidades del individuo que la forma, el significado de la relación para alcanzar la unidad personal y la realización del amor al servicio de la vida en pareja.

Para percibirla hay que abrazarse, por ello Suleika hace una invitación directa a practicar la terapia de abrazo.

El abrazo es tan fuerte que se convierte en el medio capaz de enfrentar exitosamente la fuerza de la separación. Sólo los polos contrarios se aniquilan. De ahí el equilibrio.

En los abrazos la imagen de sí mismo se modifica. Pasa de ser una imagen idealizada a la única imagen posible: la real. Se percibe un ser humano, hombre o mujer, entero, completo, con recursos maravillosos y una gran capacidad de amar y de ser amado, en lugar de una persona llena de dolor tratando de ser quien no es.

Los abrazos de pareja, al liberar los traumas, tales como abusos de tipo físico, emocional o sexual, las separaciones de los padres y todo tipo de carencias, permiten ver la vida ya no desde la carencia sino desde la plenitud, dándole una dimensión tan amplia que ésta se vuelve una aventura apasionante, intensa y sorprendente.

Transcribió Suleika algunas apreciaciones de personas que al hacer abrazos sintieron un cambio en su percepción con respecto a la vida. Necesitaba confirmación:

"Lentamente he recobrado el movimiento placentero en la vida."

"Ya puedo ver y sentir que no soy víctima de nadie. Yo misma provoco las situaciones en las que me pongo de víctima."

"Hoy me siento viva. Veo y siento la vida integrada a mí. Antes la veía, ahora la siento, me gusta, me estorba, es ligera y densa a la vez, frágil y fuerte. La vida está en mí."

"La vida es una oportunidad para el alma de avanzar. A veces lo logramos, otras no. Es dura y hermosa. Tomando en cuenta el libre albedrío, para nada la vida está determinada. Veo ahora la importancia del lugar en el que nos posicionamos, cómo encaramos las adversidades, encontrándoles sentido para nuestro crecimiento."

"Mi percepción de la vida ha cambiado enormemente. La veo desde mi centro maravillosa y perfecta. Puedo reconocer su sabiduría, y su forma de enseñar. Me resulta muy claro que mi percepción de la vida ha cambiado porque yo he cambiado. Es una oportunidad de servicio y crecimiento y no me la quiero perder."

Para darle forma y estructura a lo que sucedía como magia en su vida y en su consultorio, tuvo que redactar los aspectos centrales del proceso de vinculación. Lo llamó Manual del proceso de vinculación.

Proceso de vinculación

Testimonio
Sandra. 52 años. Empleada

Soy la sexta de nueve hermanos. Estudié de primaria a preparatoria. Mis padres viven juntos desde hace 48 años. Me casé, tengo dos hijos. Me divorcié. Trabajé 30 años en una empresa, escalando puestos, ganando premios.

Gané mucho dinero para ayudar a mi mamá, mantener a mis hijos y comprar mi casa.

Viví en unión libre durante 22 años. Todo en mi vida muestra éxito y felicidad. Estaba con todo y con todos... hasta que mi cuerpo se enfermó, y dijo: ¡basta!

Perdí mi trabajo. Estuve ocho meses en el hospital, mis hijos terminaron sus estudios, buscaron novia, se independizaron. Me enojé porque ya no tenía dinero y mi pareja me fue infiel.

Me sentí culpable, abatida, decepcionada, quería regresar el tiempo, no quería vivir, y me perdí... Estaba con todo y con todos, menos conmigo misma.

La vida me ofreció la solución.

Empezó con las terapias de vinculación. Lo primero que hizo fue culpar a todos de su desgracia, hasta que sorpresivamente empezó a enfrentarse a sí misma. En ese momento inicia su proceso de vinculación. Encontró una nueva manera de relacionarse. Comprobó la riqueza que deja, ante una situación de crisis, confrontar para aprender en vez de huir.

Revisó cada uno de sus vínculos.

◆ ◆ ◆

El término vínculo viene del latín *vinculum*, que quiere decir atar, atadura, unión.

El vínculo que comienza como cordón umbilical, se convierte desde el nacimiento, en un canal invisible que transmite o genera vida. Es un lazo o conexión entre padres e hijos, parejas y hermanos.

Este canal además de generar y transmitir vida asegura la satisfacción de las necesidades básicas emocionales y físicas del ser humano para nutrirse y desarrollarse en plenitud.

Los vínculos son los medios por los cuales se transmite vida pero también dan sentido de existencia y pertenencia. En los vínculos está todo.

Lo que separa y lo que une. El dolor y el amor. Es a través de los vínculos que se transmite y recibe la información de la existencia: la identidad, la pertenencia a un grupo, los valores, reglas y creencias que unen a ese grupo familiar, lo que se espera y rechaza. En esos vínculos se encuentra la explicación del dolor y en ellos también existe la posibilidad de crecer y reconocer lo que se es realmente, más allá de lo que el grupo espera.

El vínculo con los padres da vida, comienza en útero y no termina con la muerte, en él se recibe. Con la pareja, permite el intercambio del amor para asegurar la energía vital del crecimiento. Con los hijos, permite un estado de conexión y sincronía capaz de anticiparse a las necesidades y satisfacerlas. En éste se da sin esperar nada a cambio.

El proceso de desarrollo desde la vinculación consiste en tres grandes tiempos:

- Recibir la vida como viene.
- Intercambiarla para crecer y generar vida.
- Dar la vida.

En el primer tiempo se determina el modo en que recibimos y nos nutrimos. De él depende la percepción del mundo y la manera en que actuamos ante él.

Vínculo y comportamiento

La terapia de abrazo sana los vínculos e invita a revisar las primeras etapas del desarrollo. Las etapas de la primera infancia.

Durante los primeros cinco años de vida, durante la etapa en útero, oral, anal y edípica, se consolida la seguridad interna del ser humano.[13] Esta seguridad depende de que las necesidades básicas sean cubiertas y satisfechas.

Actualmente la vinculación natural y necesaria se halla lastimada. Nuestra sociedad promueve separaciones tempranas, en los hospitales al nacer se llevan a los bebés al cunero sin permitir siquiera el contacto mínimo entre madre e hijo, a los dos años los niños están ya todos en la escuela, etcétera.

Estas separaciones innecesarias impiden la satisfacción de las necesidades, la seguridad en el desarrollo se ve afectado y se genera un desequilibrio manifestado con síntomas o focos rojos: déficit de atención, hiperactividad, alergias, neurodermatitis, problemas de sueño y alimentación, entre otros.

No satisfechas estas necesidades se presenta una simbiosis a destiempo, que impide a su vez el proceso normal de separación.

Aquí es donde resulta necesaria una intervención que rompa con el proceso de separación. El abrazo, por ser el vehículo

---

[13] Basada en las etapas de desarrollo, que propuso Sigmund Freud, padre del psicoanálisis, la terapia de vinculación identifica las necesidades de vinculación y/o de separación de cada etapa y su impacto en la percepción y en la conducta.

Etapas del desarrollo

No se puede haber separación si primero no hay vinculación
(sin vinculación plena se da separación a medias)

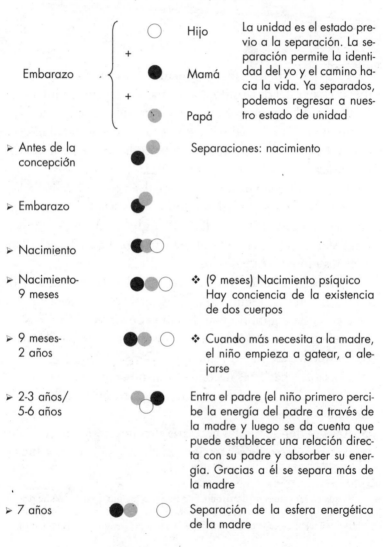

Embarazo

Hijo

+

Mamá

+

Papá

La unidad es el estado previo a la separación. La separación permite la identidad del yo y el camino hacia la vida. Ya separados, podemos regresar a nuestro estado de unidad

➢ Antes de la
concepción

Separaciones: nacimiento

➢ Embarazo

➢ Nacimiento

➢ Nacimiento-
9 meses

❖ (9 meses) Nacimiento psíquico
Hay conciencia de la existencia
de dos cuerpos

➢ 9 meses-
2 años

❖ Cuando más necesita a la madre,
el niño empieza a gatear, a alejarse

➢ 2-3 años/
5-6 años

Entra el padre (el niño primero percibe la energía del padre a través de la madre y luego se da cuenta que puede establecer una relación directa con su padre y absorber su energía. Gracias a él se separa más de la madre

➢ 7 años

Separación de la esfera energética
de la madre

Si no hay buena vinculación con la etapa anterior, no se puede pasar a la siguiente etapa

➢ 10-11 años   Pubertad

Otro paso importante es pasar de la conciencia infantil a la conciencia adulta

➢ 18-20 años   Paso a la vida adulta   Pareja

---

del amor y de la unión, sana y une lo que se separó cuando aún no estaba listo para hacerlo.

Los resultados obtenidos, al sanar el vínculo que se establece con todas las personas significativas de nuestra vida: madre-padre e hijos, parejas y hermanos, se ve reflejado en un desarrollo óptimo e integral del potencial humano en sus diferentes áreas.

En lo físico, desarrollo de las capacidades motoras, fortalecimiento del sistema inmunológico, regulación del apetito, buen funcionamiento del aparato digestivo y del aprovechamiento máximo de los alimentos, liberación y manejo adecuado del estrés, sueño regular.

En lo mental, se amplía notoriamente el desarrollo cognitivo, la capacidad de concentración, las asociaciones, el control mental, el enfoque mental positivo y se facilita el aprendizaje.

En el área emocional, el abrazo permite identificar con claridad sentimientos y emociones, así como su libre expresión y canalización sin posibilidad de lastimarse o lastimar (verse rechazado por expresar, o culparse). Eleva la autoestima y permite una mayor y mejor socialización. El abrazo ofrece elementos básicos para manejar las distintas experiencias que la vida nos plantea.

Espiritualmente, si todas las áreas están cubiertas, la persona se relaciona con lo más grande, desarrolla su fe y su confianza en que el hombre se encuentra en manos seguras, nutrientes y protectoras del padre bueno, de la máxima expresión del padre amoroso que ofrece seguridad y bendiciones permanentes.

En el ámbito familiar ofrece a los padres la posibilidad de recuperar su lugar y rol de padres, así como su poder para advertir que el amor que lastimó y enfermó es el que a la vez tiene la sabiduría de la resolución, eliminando culpas y mejorando de manera definitiva las relaciones dentro del sistema familiar.

Relaciones sanas, que permiten que fluya el amor y los distintos sentimientos, así como una buena comunicación son sinónimos de seguridad, pasaporte indispensable para la vida.

Estas carencias tienen sentido según la etapa de desarrollo en la que se encuentra una persona. El nacimiento es una separación que nos remite a la ausencia de satisfacción inmediata y seguridad. Permanecer recién nacido en una incubadora remite a ausencia de protección y calor materno, lo que no sucede al ingresar a un hospital a los 35 años para una operación. Ir a la escuela a los dos años, sin contar con las herramientas para enfrentar solo el mundo, nos remite a falta de seguridad y ausencia de mamá y papá.

Hasta los siete años aún dependemos energéticamente de mamá.[14] El niño o la niña se irá separando en la medida que se siente seguro. Desgraciadamente, en nuestra sociedad el valor que se enaltece es la independencia de los padres, antes de estar conscientes de que somos independientes de mamá. Las separaciones, si se llevan a cabo antes de que sean necesarias, tienen el efecto contrario al buen desarrollo.

---

[14] Rudolf Steiner, inspirador de la escuela Waldorf, *Educazione del bambino dal punto di vista della Scienza dello Spirito* [*Die Erziehung des Kindes vom Gesichtpunkt der Geisteswissenshaft*, 1907], Editrice Antroposofica, Milán, 1965.

Si bien al dejar pasar el tiempo del parto, la placenta enve-jece, el bebé ya no cabe en útero y puede morir. Separarse aquí es sinónimo de vida. Pero si por el contrario el bebé nace pre-maturo, se sentirá rechazado, pues se percibe expulsado antes de estar listo. Nos encontramos entonces ante una contradic-ción, dialéctica misma de la vida. La separación puede significar vida y al mismo tiempo muerte. Las separaciones no pueden determinarse por ideas, teorías o caprichos. Las separacio-nes dependen de las necesidades de la etapa en la cual se en-cuentra la persona.

Acortando el cable, el vínculo, podemos arreglarlo y sanar-lo. En el acercamiento se reduce la distancia entre los padres e hijos y entre las parejas. El contacto físico en un abrazo prolon-gado es la única forma de reestablecer un encuentro sin distor-sión.

La terapia de abrazo es el único medio que llega directa-mente a la herida, llena el vacío y asegura que fluya el amor.

Si existe un vínculo fuerte, las necesidades básicas son satis-fechas, de modo que el comportamiento humano se regula so-lo y de manera positiva.

Para entender esto es importante entender la biología y fi-siología básica. Somos mamíferos y nuestras necesidades se cu-bren por instinto cuando no hay intervenciones externas. Cuando una madre se siente segura de sí misma y no duda de lo que percibe, la conexión existente entre ella y su hijo resul-ta tan fuerte que es capaz de identificar la necesidad mucho an-tes de que se manifieste. Son las intervenciones externas, y el bombardeo de ideas externas, las que ponen en riesgo esta co-nexión y lastiman el vínculo.

Esa interrupción de la conexión, esa herida en el vínculo afecta la regulación de los movimientos de simbiosis y de sepa-ración que se encuentran de manera permanente dentro de los procesos de desarrollo. La necesidad de simbiosis o unión entre dos personas no es permanente. Se requiere en ellos momentos de separación para revisar si la unidad ha sido integrada correctamente.

Sin separación tampoco hay vida, sin separación del niño de dos años, del adolescente y del adulto que se aventura en la vida, no hay crecimiento.

La falta de conexión impide que esos momentos se lleven a cabo de manera natural. Hay una tendencia a forzarlos a decidir lo que es correcto sin respetar la necesidad y el mismo momento del proceso.

Forzar los movimientos de fusión o de separación afecta el desarrollo sano de las etapas, así como la satisfacción de las necesidades. Provoca heridas y un sentimiento de carencia que determina el comportamiento humano y la capacidad de amar.

Impacto en la vida de un vínculo sano:

- El vínculo fuerte genera amor y una actitud de acercamiento ante la vida.
- Si vivimos demasiadas separaciones, sobre todo cuando el niño no tiene la capacidad de enfrentarlas, se adquiere un vínculo lastimado que genera miedo, pánico, estrés y comportamiento de huida.

Consideraciones básicas sobre el vínculo:

- Si se regula la vinculación entre dos miembros de la familia, todos los demás se ven beneficiados.
- Los vínculos anteriores de generaciones pasadas afectan el vínculo con el niño.
- Los vínculos lastimados generan actitudes que producen dolor.
- Se considera que el vínculo está reestablecido cuando las necesidades de las dos personas en cuestión se satisfacen y se alcanza un estado de sincronía y empatía.

- Se logra con interacción directa y sincrónica (contacto físico y emocional).
- Si el vínculo es reestablecido, los síntomas desaparecen.
- Se puede recrear el vínculo a cualquier edad.

La terapia de abrazo* reestablece los vínculos completamente y en periodos cortos.

- Hay que darle mantenimiento con abrazos y trabajo educativo desde un enfoque de vinculación* para los padres.
- Es un vehículo de amor que requiere cuidados para funcionar.
- Mantener y promover el contacto que satisface las necesidades básicas.
- Fomentar abrazos para despertar el instinto natural y saber qué hacer en el momento y circunstancia precisa.
- Ordenar el sistema familiar es requisito para sanar los vínculos. Ordenar significa poner cada parte en su lugar. Si las personas que se relacionan no ocupan el único lugar que les corresponde en su sistema familiar, los vínculos se pierden.*
- La preparación y apoyo a los padres es la mejor prevención para asegurar relaciones sanas y abiertas.
- Para el orientador es importante recordar que la madre y el padre están primero y ante todo.

Si a un niño le dan lo que necesita, siente que el mundo es nutriente y está pendiente de él. Se siente seguro y satisfecho y por lo tanto se relaciona amablemente con el entorno.

Si le falta lo indispensable, percibe al mundo de manera negativa, pues no le da lo que necesita y su relación con él no es amable. Entiende que debe arrebatar para tener y aquí comienza la inmoralidad y los comportamientos destructivos.

Durante mi proceso de vinculación, en la fase de la revisión de mis vínculos, al ver el desorden en que me encontra-

ban, ocupando el lugar de los hermanos en vez de la tercera y rescatando a mi madre, sentí miedo e inferioridad, me sentí atada, prisionera de mí misma, deprimida, y con muchas ganas de llorar. Me resistía. Mi posición, el lugar de respeto que había alcanzado entre mis hermanos y ante los ojos de mi mamá, me inhibía todo movimiento. Sentí miedo e inseguridad de cruzar los límites de lo conocido.

Toqué lo más profundo del dolor. Conecté mi herida primaria, original. Sentí la necesidad de ser amada por mi madre. Tenía que adentrarme en el dolor para darme cuenta de que podía tener una experiencia de vida totalmente diferente. En el dolor, ya no tenía nada que perder, había tocado fondo. Cualquier cosa sería mejor.

Estaba lista para ordenar mis vínculos. Hice constelaciones familiares con mis padres y con mis hijos. Honré a mis padres y a mis hermanos mayores y descubrí que mis padres me habían dado algo muy valioso: LA VIDA.

Me di cuenta de que ocupaba un lugar que no me correspondía en mi familia. Me di cuenta de que quería todo el amor de mi mamá y que si la ayudaba, era para ser vista. Me di cuenta de que toda mi energía estaba enfocada a obtener la atención de mi mamá y llenar su vacío. Me di cuenta de que no veía a mis hijos, ni a mi pareja.

Tuve abrazos con mi mamá, con mis hijos, con mi pareja y con mi hermana mayor.

Le creí al tiempo, y me dejó lugar para que todos los movimientos realizados se asentaran y se integraran.

Todo proceso es un proceso de integración, de unificación. La propuesta consiste en usar como estrategia de integración la revisión y sanación de los vínculos con las personas más significativas de nuestra vida. Para integrar y reconocer quiénes somos, debemos primero reconocer que solos no sobrevivimos. Que no somos nada sin el otro, que somos la suma de nuestros vínculos. Es difícil creer que todo lo que nos pasa está grabado en nuestro inconsciente por la necesidad tan grande del otro, sobre todo si nos ubicamos en el contexto de los valores de la sociedad actual, que invitan al individualismo y a la independencia absoluta. Qué difícil resulta creer hoy en día que somos la suma de papá y mamá, la suma de lo vivido junto a las parejas cercanas, la suma de los roles que nos rodearon, la suma de las participaciones de los demás en la vida y en la historia. Todos estos vínculos fueron integrados para asegurar la pertenencia al grupo que recibió o no, sostuvo o no, contuvo o no, dio seguridad o no, pero que dio la sensación de pertenecer a algo, de ser alguien, de tener identidad, de decir SOY.

Reconocí cada uno de mis sentimientos, cada uno de mis eventos de vida, cada uno de mis dolores.

Abrí mi corazón al amor, escuché a la gente que me rodeaba, disfruté el mar, dejé que el sol me llenara la piel, conviví realmente con mis amigos, me reuní con otros, me alegraba de las noticias de la vida, reía, viajaba, me amaba a mí misma, descubrí la naturaleza, la cuidé, cooperé para que más gente aprendiera a amarla, acepté lo nuevo y compartí mi proceso.

La vinculación permite:

- Reconocer las necesidades.
- Reconocer y aceptar la esencia.
- Integrar la sombra, lo que no nos gusta porque está relacionado con dolor.
- Considerar positiva e incondicionalmente a los que nos dieron vida.
- Eliminar los mecanismos de defensa que nos protegen pero también nos impiden recibir y ser felices.
- Integrar la herida primaria como nuestro motor de vida.

- Integrar a las personas que hemos excluido para soportar el dolor de separarnos.

Por cuidar a los demás y asegurar un lugar en el corazón de mi madre, renuncié muchos años al amor. No sólo renuncie a él sino que lo negué. En mi dolor conecté mi miedo al amor en pareja.

Suleika recibió este correo electrónico:

Suleika, te voy a contar un sueño que tuve aquella misma noche, después de hacer el abrazo con mi mamá.

Me fui de excursión con unos amigos. Salí a caminar y me encontré a Pedro Sabines, mi primer novio. Cuando lo vi, pensé: "No puede ser, al fin lo encontré". Corrí hacia él, no podía permitir que se perdiera en la muchedumbre. Al otro lado de la acera, frente a él, grité: "Pedro, aquí estoy". Al escuchar su nombre, se dio la media vuelta, me vio, sonrió y corrió hacia mí, y a mi vez, yo corrí hacia él. Nos abrazamos a media calle. Estaba vestido como el día que lo conocí. Me encantaba como se vestía. Un compañero del trabajo se acercó y preguntó: "¿Sandra, está bien?" "Sí, don Vicente, estoy feliz". Pedro y yo seguimos abrazados. Me besaba las mejillas, toda la cara, y me decía al oído: "Ya no voy a dejar que te vayas", "no voy a perderte otra vez", y yo lo abrazaba con todas mis fuerzas; al fin escuchaba lo que mi alma necesitaba. Nos fuimos al hotel. Pedro traía unos trofeos. Los acomodó en el buró, se recostó y me invitó a hacer lo mismo. Me besó, me abrazó; yo me sentía feliz, cobijada toda entera por su abrazo. Llegaron los amigos. Querían saber quién era ese desconocido acostado en mi cama. Al ver los trofeos, uno de ellos, dirigiéndose a Pedro, preguntó: "¿Eres camarógrafo?" Pedro, dirigiéndose a todos y a cada uno contestó: "Yo sólo soy un enamorado de Sandra. Amo a Sandra. Eso es lo que soy". Yo lo veía y sonreía. Estaba plena.

En el cuarto de hotel, Pedro tenía la edad que tiene actualmente. Estaba calvo. Antes de salir del cuarto le pregunté qué le había pasado con el pelo. Me dijo que ya era un hombre viejo. A mí no me importaba nada, no lo veía ni viejo ni joven, sólo sus ojos y la sensación que tenía en el cuerpo al acariciarle el rostro, al tomarle las manos. Sentía una gran felicidad porque estaba conmigo.

Con los trofeos y mi maleta, nos encontramos a Francisco Sarmiento, mi salvador. El que siempre está cuando estoy mal. Le dije: "Estoy feliz. Encontré a Pedro y por primera vez no necesito tu apoyo". Francisco dio media vuelta y se alejó. Seguimos andando y nos encontramos ahora a mi mamá: "Sandra, ve a ver a tu hermana mayor. Acaba de tener una hija". Miré a Pedro, no quería separarme de él. Él dijo: "Ve, aquí te espero".

Fui al sanatorio. Había una cuna con dos niñas. Lejos mi hermana, acostada. Una de las niñas lloraba mucho y la tomé en mis brazos. La bebé me dijo: "Cuida a mi mamá, está muy mal, por favor ve a verla".

"Te voy a tener que dejar en la cuna y vas a llorar."

La bebé, recién nacida, me contestó: "Te prometo que ya no voy a llorar, ve a verla".

La acosté en su cuna; la otra niña estaba tranquila, dormía. Me dirigí hacia mi hermana y me desperté.

Estaba llorando, recordé cada escena del sueño, y seguía llorando. Me levanté, prendí la computadora y te escribo mientras lloro.

Quiero escribir este sueño, para guardarlo. Para guardar a Pedro en mi corazón. Porque creo que nunca me he permitido amar.

Mientras no integramos y reconocemos los amores y lo que nos obligó a renunciar a ellos, el amor no podrá manifestarse en otras relaciones. Lo que está escondido actúa sin permitir que el ser se complete.

Suleika le llamó para cancelar la cita programada para esa tarde. "Ya tuviste la mejor sesión. No es necesario vernos. Ven con tu marido la próxima semana para un abrazo", le lanzó Suleika antes de colgar.

Ahora Sandra decide lo que quiere y lo que no quiere y asume las consecuencias. Siente su poder personal. No le tiene tanto miedo al amor, siente que puede volver a creer en los hombres. Siente que vive más consciente, que se halla menos atrapada por las heridas de su niña interior, y sobre todo disfruta la vida.

Ella sabe que esta historia continuará. Sabe que tiene que hacer un abrazo con su padre para confiar en los hombres, en la fuerza que tienen para sostener y no dejar ir a la mujer que aman. Sabe también que el proceso de vinculación nunca termina mientras estamos vivos.

La vinculación es un proceso: es un reencuentro con el otro. Reencuentro con el vínculo importante para descubrirse en él. El vínculo es un medio para ver lo que se cree ser, lo que falta y lo que realmente se es. Es un medio para volverse lo que se es.

El proceso de vinculación activa y acelera el movimiento natural de desarrollo, de integración. Al promover encuentros reales en un abrazo se limpia y sana lo que obstruye el camino hacia un reencuentro con la esencia. Con lo que realmente somos y no lo que tuvimos que hacernos para pertenecer y sobrevivir.

El vínculo permanece vivo gracias al amor... Si no hay amor, no hay vínculo; y si no hay vínculo, se pierde el amor.

Pero, lo que se olvida es que si hay vida, hay vínculo y hay amor.

Practicar el abrazo pone en alto el amor, los vínculos de amor entre los humanos otorgan fuerza, energía vital para lograr el vínculo primero y último con Dios, la Creación, el Verbo, la esencia, el primer sentimiento, la Unión, la Vida o lo Más Grande.

El amor

El amor lo es todo. Es el agua del río de la vida. Es la sangre que fluye desde el corazón y alimenta las células del cuerpo. Todos los seres humanos tenemos amor.

El amor es algo abstracto y está en todas partes. Sin embargo, no siempre el amor se aprecia, no siempre se ve ni siempre se recibe. A veces se pierde en el camino y es necesario volver a dirigirlo para que llegue a la persona a la que se le dirigió. Si el amor llega a la persona que lo recibe, florece y se expande.

El amor se transmite por el vínculo. Si el vínculo funciona, llega el amor y la persona está en paz, unificada con el todo y entonces, en sintonía con la vida.

El drama de la condición humana estriba en que las personas creen que con sentir amor es suficiente. Éste no siempre llega a su destino o no puede expresarse o, si se expresa, no es recibido o las circunstancias de la historia personal impiden reconocerlo. Abundan ejemplos: una madre dedica su vida entera a darle seguridad a su hija y la sobreprotege; por su parte, ésta jura que su madre no la ama porque si la amara confiaría más en su capacidad de atenderse a sí misma. Un padre que abandona a sus hijos para no golpearlos será juzgado como un padre cruel y sin amor. Una madre llena de pasión que da vida a muchos niños será tachada de inconsciente. Un padre que se suicida cuando su hijo menor cumple 18 años, será juzgado como un padre irresponsable.

Son varios los factores que impiden que el amor logre su propósito.

Uno de ellos es el juicio. Existen mil formas de amar y ninguna es mejor que otra. Cualquiera de los juicios anteriores impide ver el amor. El juicio y la atención puestos en la carencia deterioran los vínculos y ciegan ante el amor.

Comprender que el ser humano es un ser complejo capaz de lo mejor y de lo peor, que carga en él todas las contradicciones y polaridades que conforman el equipo emocional humano y que a la vez se niega a rendirse ante su condición, es el inicio del no juicio.

Un hijo no puede amar abiertamente a un padre que lo humilla. Pero nunca podrá negar el amor por la vida recibida. Al excluir al padre de su corazón, se excluye y, a la vez, se obliga a amar con sacrificio lo que nunca podrá dejar de amar.

Dudar de nuestra capacidad de amar es otro de los factores que inhiben el poder del amor.

Si un hombre duda de su capacidad de amar, duda de la capacidad de ser amado. Así, su fuerza masculina se ve debilitada y le deja a su mujer una responsabilidad que ella nunca podrá sostener.

Otro elemento importante que impide la realización o encuentro en el amor, reside en la separación existente en la civilización moderna. Ésta se manifiesta en la percepción del amor desde dos polos irreconciliables. Por un lado, el amor que se percibe como un mito y por otro, el amor que se percibe como un deseo. Polarización de un amor espiritual que tiene miedo de ensuciarse en un contacto carnal y de un amor "animal" que intenta encontrar su lado sagrado en ese "actuar diabólico animado por la prostitución".[15] La polaridad, la dualidad del amor

---

[15] Edgar Morin, *Amour, Poesie*, Sagesse, *op. cit.*, p. 81.

puede desintegrar al individuo, lo que se manifiesta también en el nivel de la comunicación.[16]

El amor es a la vida lo que el agua al río. El vínculo representa el medio que utiliza la vida para perpetuarse a sí misma y transportar el amor. El amor es lo que permite que el hombre y la mujer florezcan, se expandan y se desarrollen.

Es imposible dudar del amor, que en esta ocasión no será puesto en tela de juicio. Resulta más seguro dudar del vínculo. Vínculo deteriorado por separaciones durante la primera infancia.

Las separaciones son todas las experiencias que nos dicen que una parte de nosotros está ausente.

La terapia de abrazo tiene un fuerte impacto en la vida de las personas porque rompe la separación, corta los malos entendidos de raíz, permite una comunicación coherente, regresa a las heridas de la infancia y las sana. Acerca a las personas y las obliga a ver, a escuchar, a sentir el amor.

El abrazo permite aceptar la contradicción que se encuentra en el amor. La presencia de la locura y de la sabiduría, del odio y del amor, de la desdicha y de la felicidad.

El amor en el abrazo se renueva, ya que se une la dialéctica que opera en él. Por un lado, la materialidad corporal presente en la vida cotidiana y por otro, la poesía que nace del alma animando el día a día.

En la mirada cercana se unen cuerpo y alma.

Lo más importante en la vida es el amor, con todos los riesgos y peligros que implica. En particular resulta fundamental el reconocimiento de que en él se quieren manifestar la luz y la

---

[16] Por un lado, el cuerpo responde a su instinto y el alma a su plenitud, pero la mente reprime. De ese modo el cuerpo y el lenguaje verbal se contraponen generando discursos ambivalentes que impiden el encuentro. Thomas Gordon, *P.E.T. Padres eficaz y técnicamente preparados*, Editorial Diana, México, 1999.

oscuridad, la felicidad y la desdicha, lo bueno y lo malo. Pero el amor profundo, genuino, verdadero, no daña. Para llegar a él es preciso identificar primero las formas de amar que hemos adquirido en el intento de amar a los que nos dieron vida y que nos enseñaron una manera particular de amar.

La terapia de abrazo es el reconocimiento profundo de:

- El otro, el vínculo.
- El cuerpo.

El otro

Sin el otro no recibimos vida. Sin el otro no puede seguir la vida.

Sin el otro no se sobrevive. El otro alimenta, carga y limpia cuando es imposible hacerlo por uno mismo. El otro guía, cuida, protege.

Necesitar a otro es alinearse a nuestra condición de humanos, necesitados de otro para trascendernos.

Es sabido que pedir ayuda es un camino seguro de liberación interior. Sólo a través del otro se puede continuar con la vida y trascenderse.

El otro es el puente para llegar a casa. Es espejo y reflejo. En el encuentro de los cuerpos, no sólo hay reflejo, también aflora el alma.

Con el otro se reconoce el amor.

El cuerpo

El cuerpo es aliado. Es de fiar porque nunca miente. El cuerpo transporta, da forma y cuida el alma. Por medio de él, ella se expresa.

El alma le da vida al cuerpo y el cuerpo del otro le da palabra.

Así como el cuerpo sin alma pierde vida, el alma sin cuerpo se diluye.

El cuerpo es un aliado del alma.

Pero estas nuevas ideas, resultado del tránsito histórico por diferentes concepciones de la naturaleza, apenas comienzan a aceptarse científicamente.

Rupert Sheldrake, en su libro *El renacimiento de la naturaleza*, afirma que con la revolución científica del siglo XVII la naturaleza perdió sus atributos vitales. "Las almas que animaban los cuerpos físicos… fueron exorcizadas y expulsadas del mundo mecanicista de la física. La materia era inanimada y pasiva, y sobre ella actuaban fuerzas externas acordes con las leyes matemáticas del movimiento… Los fantasmas de las almas invisibles subsistieron en forma de fuerzas invisibles. La atracción gravitatoria, que actuaba a distancia, demostró que en el mundo físico había más que mera materia pasiva en movimiento. La naturaleza de la luz siguió siendo misteriosa…"[17]

---

[17] Rupert Sheldrake, *Una nueva ciencia de la vida*. Ed. Kairós, Barcelona, 1990, p. 52.

Por suerte, la teoría mecanicista de la física se ha modificado gradualmente.

Ahora se sabe que todos los seres vivos tienen un alma que los une. Un alma con una memoria que se suma de generación en generación y asegura la evolución.

Aunque el cuerpo sin alma está inanimado, tiene una acción ambivalente. Por un lado, registra todo lo que lo aleja del alma y por otro, es el único medio para acceder a ella.

El cuerpo proporciona toda la información y habla de sus heridas, que no le pertenecen al alma. La manera en que el cuerpo se expresa ocurre por medio de movimientos o posturas corporales, a veces sutiles, como la mirada o el sudor de las manos, y otros más evidentes, como jorobas. También a través de enfermedades o comportamientos y reacciones que no tienen relación con la situación presente. Todo el tiempo manifiesta las reacciones del alma a pesar de la mente, escucha poco lo que le dicen; sobre todo, siente.

El cuerpo registra cada experiencia de separación, desde el momento de su concepción. Es un mapa preciso del momento en que la realidad del alma fue violentada. El trauma de la separación del nacimiento se halla registrado en el cuerpo; el permiso que nos damos para vivir está plasmado en la forma en que se respira; cada mal uso del amor y cada dolor de separación se encuentran sellados en el cuerpo. El cuerpo sabe de cada momento que en vida le robaron el aliento. El cuerpo lo registró para proteger el alma, inexperta en el mundo de la separación. Habría muerto en la primera ocasión. El cuerpo cuida y pide lo que el alma necesita.

El cuerpo sensible registra el dolor y protege el alma de él. Es el medio para el alma y a la vez su obstáculo. Une y separa.

Separa porque nos suscita mil obstáculos a causa de nuestra necesidad de cuidarlo; además, nos llena de deseos, de apetitos, de temores que impiden la unión del alma con el otro.

Si el cuerpo está sellado de separación, lógico es que camine hacia lo que conoce: la separación. Las parejas creen que se unen, usan sus cuerpos para alejar sus almas.

El cuerpo guarda secretamente la memoria del evento de la separación para permitirle al ser, que se alejó de sí mismo, regresar a su esencia, a su origen. En cada encuentro con el amor eterno, en cada acto de amor, en cada caricia, el pasado congelado vuelve a surgir dolorosamente, dispuesto a liberar el alma.

El cuerpo manifiesta la necesidad del alma de amor, unidad y reconciliación, que al no ser satisfecha se manifiesta en actitudes o enfermedades físicas. El cuerpo representa la experiencia ambivalente de unión-separación.

A veces le damos más importancia al cuerpo negando la del alma o al revés, como si ambas no pudieran convivir. Con la terapia de vinculación y el abrazo atendemos las necesidades del alma registradas en el cuerpo. Liberamos el estrés acumulado por la falta de satisfacción de las necesidades básicas: amor, seguridad y unión; liberamos directamente las emociones y los sentimientos dolorosos y reprimidos. Con contención se libera sin temor la infección de la herida hasta ahí abierta, y aunque queda la cicatriz, ésta ya no tiene efecto desde el inconsciente. Se graba un nuevo registro del cuerpo capaz de superar la ambivalencia. Dejando atrás la necesidad de acudir a expresiones desviadas del cuerpo. El otro, con su abrazo, nos ofrece la oportunidad de acceder a nuestra esencia. El cuerpo es un aliado del alma, no su contrincante.

Nuestro cuerpo permite la manifestación de nuestra alma.

Suleika recordó lo que escribió en su agenda el día de su boda. Cuando empecé a relacionarme con mi cuerpo, con todo lo que soy, entonces sentí la necesidad que emana del cuerpo y con ella entró el aire y el deseo de continuar con la recuperación de mi ser interior, un reencuentro profundo conmigo misma para

unirme así al espíritu universal. Para mí, ésta es la fuerza que lleva al encuentro con el todo, a la unión.
Suleika comenzaba apenas a despertar.

Hay que exprimir al cuerpo de todos sus registros para avanzar hacia la unidad.

El alma

El alma habla a través del cuerpo.

El encuentro de las almas ocurre por medio del encuentro de los cuerpos.

El alma le da vida al cuerpo. Le da vida a la familia. El mundo tiene un alma, una conciencia propia. El alma lo une todo, lo vincula. Permite la unión de las partes al tener un alma en común. El alma es vínculo, pertenencia. El alma asegura al amor más allá del bien y del mal. Reconcilia más allá de las dualidades y de la separación.

Separación del alma y cuerpo

Se dice en el mundo de la espiritualidad que el cuerpo es la expresión más limitada y dual del ser.

Dicen que para el desarrollo espiritual hay que hacer a un lado al cuerpo porque entorpece. Si comemos poco entramos en contacto con el alma, si trascendemos nuestros instintos sexuales nos encontramos con la divinidad alcanzando un nivel de éxtasis superior, entramos en contacto con lo que realmente importa, ya que los deseos del cuerpo, las necesidades del cuerpo, son sólo ilusiones.

A Suleika le irritaba pensar que había que negar para crecer. Estaba muy enojada con los que planteaban que alejados de las necesidades materiales se podía alcanzar mayores niveles de iluminación y de felicidad. Ella hubiera querido hacerlo, pero qué hacía con sus hijos y con su marido. Estaba enojada con su realidad. Afirmaba en sus cursos que la alternativa era la terapia de vinculación, ya que de ese modo también tenían alguna posibilidad de felicidad los que no podían hacer retiros de 15 días dos veces al mes, pues debían trabajar y alimentar a sus hijos, a los que no les alcanza el tiempo a veces ni para bañarse con calma, para no hablar de otras cosas: a los que parecían como ella estar condenados a vivir en el mundo obsceno de la materialidad. O perderse en la espiritualidad al precio de ver a los que dependen de ellos, solos...

Suleika se preguntaba constantemente si además de hacernos ver la realidad como separada y dual, tendría el cuerpo alguna otra función. ¿Tenemos alguna salvación? ¿Tendría el cuerpo algu-

na función para el alma? ¿Podría servir de algo en nuestro desarrollo espiritual? ¿Alguien aquí podría separar en la ternura de un recién nacido alma y cuerpo? ¿Qué pasó entonces?

En los abrazos encontraba siempre la misma respuesta: Sí, crecimos con la idea de separación, nos avergonzamos de nuestro cuerpo, lo escondemos. Si sentimos el placer que nos ofrece, nos sentimos sucios y culpables, y llegan los padres a decirnos no lo hagas; ¿por qué tanto miedo, por qué nos dicen que no? ¿Dónde está la culpa y el pecado? ¿Por qué no aceptar al cuerpo y su placer tal como es? Por favor, ¿alguien tiene la respuesta? ¿No será que necesitamos limitar nuestra capacidad de amar para pertenecer, satisfacer nuestras necesidades físicas y crecer?

¿Qué sería un niño sin límite al amor?

¿Qué sería un adulto sin límite al amor?

¿Dónde queda la teoría del desarrollo impulsada por la libido? La búsqueda del placer nos mantiene vivos y con fe. El placer en la boca, en los genitales, en los sentidos es del cuerpo y nos ayuda a tocar la belleza del alma.

Con estos pensamientos, a Suleika le resultaba cada día más evidente que la terapia de abrazo era novedosa y efectiva porque era holística: integraba cuerpo, alma, corazón y mente. También algo más, integraba al otro. No al otro cualquiera, integraba el cuerpo del otro con el que tenía un vínculo de vida. Integraba al otro que le daba vida y dolor a la vez. Integraba lo que era en la práctica aparentemente irreconciliable, el amor-odio, el placer-dolor, la polaridad, la ambivalencia de las relaciones humanas.

A esas alturas, Suleika sentía una excitación que la hacía verse como pila eléctrica prendida y sola.

Sentía que tenía una bomba en las manos que permitiría trascender la polaridad y la separación. Tenía en sus manos una herramienta que permitía el equilibrio de los polos, la unidad de los extremos. Dos ríos en el mar.

Suleika lo integró en su conciencia el día en que le gritó, en un abrazo, a su marido que lo odiaba. Necesitaba liberar su lado oscuro que irrumpía en su cotidianidad sin previo aviso, restándole salud, energía y belleza. Su marido, sorprendido, se sintió invadido por su miedo al rechazo y estuvo a punto de soltarla. Ella, desde el fondo de su alma, rogaba que no se rindiera. Rogaba que tuviera la fuerza suficiente para sostenerla el tiempo necesario, de modo que pudieran convivir su lado amoroso y su lado que odia. Ella sabía que si se enfrentaban, ganaría el amor, pero también sabía que para que eso sucediera, tenía que atravesar el túnel oscuro del enojo, del odio al dolor de separación. Sabía que no había otra manera, si no convivían los polos, no llegaría a la luz de la unión.

Jerónimo resistió. Se sentía en una trampa. Tampoco podía permitir que lo atacara y humillara una mujer, a la que DESGRACIA-DAMENTE *amaba. Por suerte, ganó el amor propio, se enojó y le gritó: ¡pues vete!, ¡pero que te cueste!, ¡yo no te voy a soltar! Suleika se enojó aún más, le salía casi espuma, tenía los ojos desorbitados, a la vez que una extraña sensación de liberación comenzaba a invadirle el pecho. Había alguien más fuerte que ella, capaz de ayudarle con límites corporales a integrar sus extremidades emocionales que bailaban a la deriva alrededor de su ser. Una extraña sensación de paz, en la que los enemigos a muerte se dan la mano, la llevó a la rendición. Dejó de luchar y sintió su amor y su odio reconciliados bailando en el corazón. Esa noche, al hacer el amor, ella se entregó como nunca. Estaba a salvo. La ternura al fin aparecía.*

El alma es la expresión de la unidad de lo ilimitado, de lo no perenne, de lo que nunca muere, El alma necesita del cuerpo para expresarse, pues el alma no puede hablar, no se toca, no se ve, nadie sabe cómo es y todos hablamos de ella. ¿Qué quiere decir a través del cuerpo?

Seguimos peleando con nuestro cuerpo. Ahora que somos adultos nos peleamos con lo que podemos ser y con lo que somos. No podemos verlo como la expresión ilimitada del alma, pues es más seguro ver al cuerpo como un estorbo, al sexo como un pecado o si bien nos va, como un acto limitado, a ser padres como una atadura, a proteger como sinónimo de perder la libertad, a ser intuitivos como locura, a ser sensibles como debilidad. Podríamos verlo como la expresión más maravillosa del alma que se encuentra con su otro polo maravilloso, expresión de alma contraria en el acto de unión más amoroso. Al llamar coito el encuentro del pene y la vagina, se olvida que para muchos se llama hacer el amor. No sólo buscando el encuentro de las almas, sino más bien en la búsqueda y encuentro del placer.

Suleika solía comentar que lo más rico era comer, bailar y hacer el amor. Si alguien lo negaba, le contestaba: Es porque aún no lo has descubierto.

En un mundo que parece tan desolado, con tanta violencia, las manos y los brazos de otro siempre serán el lugar más seguro para el alma.

Nuestra experiencia espiritual reside en el encuentro perfecto cuerpo a cuerpo, cuando dos cuerpos se tocan el alma habla. Cuando dos cuerpos se encuentran, se alaba la vida.

Vinculación y espiritualidad

El vínculo primario es con la madre. El vínculo se deteriora por las separaciones que se presentan entre la gestación y los seis primeros años de vida.

Las separaciones impiden la satisfacción de las necesidades básicas. Esta insatisfacción provoca la herida primaria u original.

Esa herida, para soportar el dolor que produce, se cubre de pensamientos, creencias y valores, de discursos y actitudes y comportamientos de separación. La famosa coraza o defensas. Para no sentir el dolor de la separación, se asume la separación como forma de vida y se tiene así la ilusión de no sufrir.

Esta manera separada de vivir, se adopta con resignación, es una manera de aceptar la separación mientras no se tenga la fuerza interna suficiente para luchar contra ella. Sin embargo, la aceptación de la separación como realidad implica vínculos deteriorados que generan desamor, no hay regulación natural interna, no hay sintonía con el mundo, que se convierte en una experiencia agresiva y hostil, por lo tanto se es hostil y agresivo con el mundo, con la vida y con todas sus manifestaciones.

Así, el hombre pierde su poder, duda de sí mismo y se culpa. Vive en desarmonía, se mete con lo grande. Lo rechaza, lo niega y lo maltrata. Abusa de la tierra que lo sostiene y le da alimento. Maltrata a los que lo aman. Destruye lo que es. Destruye su historia. Al destruir al otro se destruye a sí mismo. Niega la vida que le duele, que le recuerda el miedo de tanta separación.

Suleika piensa en todas las personas que abusaron de su poder. Que para soportar el miedo y el dolor rompieron todas las reglas del respeto y del amor. Piensa en Adolfo Hitler, que aniquiló con crueldad a su propia raza. Cuánto dolor en sus vínculos. A Suleika, le dolió el alma.

Suleika entiende que el origen de la culpa del hombre reside en olvidar quién es y su lugar. Sabe que Jesús dejó un mensaje muy claro: nuestra esencia es amor, y siempre seremos más pequeños que el todo, que la vida, y que el precio por olvidarlo ya se pagó. Más de 2 000 años después, seguimos preguntando quiénes somos y seguimos pagando, muriendo en vida sin felicidad, sin amor.

El ser humano se encuentra en una búsqueda constante, quiere conocerse más a sí mismo, descubrirse, reconocerse, reencontrarse con su esencia unificada. Esto significa asumir todo el poder personal y entrar al mundo de las posibilidades sin límite, al mundo de los milagros y al encuentro de la libertad absoluta. Descubrir el espíritu, el amor, la esencia.

Este proceso, esta búsqueda para lograr el encuentro con el todo, con Dios, con la vida, con lo más grande, con la unidad, tiene que ver con un proceso de purificación de las dualidades, con un proceso de purificación de la separación.

Pero también tiene que ver con un proceso de contención que impide que las expresiones humanas se disparen lastimando a otros. Los límites son indispensables. Se empieza con los límites que ponen los padres y continúa con los límites que nos ponemos como adultos al comprender que somos muy pequeños ante la inmensidad y que existe algo mucho más grande.

Sólo al experimentar la separación podremos regresar a la unidad. Nada se separa sin antes estar unido y nada se une sin estar separado.

Desarrollando nuestras polaridades, desarrollando las dos alas, al fin podremos volar. Esta búsqueda comienza con sensaciones de malestar, con insatisfacciones y frustraciones. Las épocas de crisis obligan a encontrar respuestas, a entrar en un proceso de cambio.

Pensar en un proceso de desarrollo, pensar en iniciar el regreso a "casa", el regreso a la unión, no puede separarse ya en absoluto de un proceso de desarrollo espiritual.

Aunque Suleika sabe que todas las propuestas terapéuticas integran al ser humano, una parte de ella aún está en lucha contra el mundo terapéutico. Critica a los terapeutas. Divide en dos las propuestas de crecimiento: las que separan y alejan de la esencia, del espíritu, del alma, y las que se alinean a lo divino y promueven el encuentro y el alineamiento del alma con su propio movimiento. La diferencia entre ellas radica en creer que el comportamiento es más importante que el amor. Ella sabe que si critica es porque no alcanza a ver en ella el dolor que separa. Ella también es terapeuta. Alcanza apenas a percibir que su historia también empapa su trabajo. Está expresando la marginación, la exclusión y la falta de reconocimiento de los armenios, y por ello su percepción es sólo parcial. Con dolor y placer se percibe hasta ese momento como una marginada del mundo terapéutico y sigue sufriendo.[18]

Hablar de vinculación es hablar de espiritualidad. Espiritualidad que nos conecta con nuestra realidad terrenal y nos permite desde la materia encontrar el alma y unirla. Espiritualidad que surge de la tierra, de lo cotidiano, de los vínculos inmediatos con padres, hermanos, pareja e hijos.

Unir cuerpo y alma aún no acaba de ser aceptado. O le damos sólo importancia al cuerpo o alzamos el alma para negar el cuerpo.

---

[18] Por cuestiones de ética profesional, uno de los temas fundamentales a tratar en un proceso de formación terapéutica es el de los puntos ciegos del futuro orientador; a medida que consigue una conexión entre su historia y sus propuestas terapéuticas, libera al cliente. Cécile Kachadourian, *El poder de la ceguera*, en prensa.

Lo cierto es que el cuerpo sin alma es sólo un envoltorio, pero también es cierto que el alma sin cuerpo no es nada. Entenderlo implica la posibilidad de aprehender la dimensión que tiene el otro. Sin el otro, la existencia se reduce a nada.

Al escribir esto, Suleika recordó una lección de vida. El padre de ambas le reclamó a su hermana que trabajaba demasiado para su famoso marido escultor, que él sin ella no era nada, que gracias a ella había logística, producción, administración, organización, ventas, dinero... y ella respondió: Es cierto, pero sin esculturas no hay nada, lo hacemos juntos.

La existencia principia con el encuentro de dos almas en dos cuerpos. La importancia de la sexualidad radica en el hecho de que de ella viene la vida. Más importante que el amor es el sexo porque permite el encuentro. Amor sin sexo no da vida. Sexo sin amor, sí. Para la vida importa el cuerpo unido.

Espiritualidad sin vida, no existe.

Sólo a través de la unión con el otro se toca la vida y se perpetúa. Sólo a través del vínculo se descubre el amor.

Sociedad mejor

En una entrevista le preguntaron a Suleika por qué se dedicaba al abrazo. Respondió con tanta fuerza que se cerró muchas puertas. Ningún lector soportó ser tratado con tanto desprecio. La forma era incongruente con el contenido y Suleika debió entender que ninguna verdad puede anular a otra, y que el proceso de desarrollo ha sido pensado por algo más grande que así lo quiere: como es. De todas maneras, transcribió la respuesta de la entrevista porque en ella estaban inscritos aspectos fundamentales de la terapia de vinculación y porque tampoco podía negar su humanidad.

Dedico mi vida al abrazo porque creo en el abrazo. Creo en él, no sólo por los beneficios personales que he obtenido sino porque significa que podemos vivir en una sociedad mejor. Suena a utopía. Era la palabra que usaban mis padres y que muchas veces he caído en la tentación de utilizar con mis propios hijos. Pero no es utopía, es realidad. No he encontrado algo más revolucionario que una vinculación conmigo misma y con los demás.

Entender que el otro no es mejor o peor, sino diferente. Entender que no se trata de llegar a acuerdos o a imponer la visión o la voluntad personal, se trata de ampliar la percepción, desde diferentes ventanas se ven distintos ángulos del paisaje y es posible abarcar el horizonte.

Suleika, aunque empezaba a comprender que no necesitaba eliminar al otro para que su visión tuviera lugar y que abrazados, se encuentran muchos más que dos, el todo completo, unido e infinito, estaba muy enojada, y era éste un enojo del pasado.

Respetar y ver realmente al otro implica respetarse y verse realmente. Cuando uno se ve, sabe todo lo que se puede hacer con el otro. Sabe cuánto el otro, lejos de ser el enemigo, es el mejor aliado.

Recuerdo cómo en la adolescencia, con la energía desbordada, mis amigos y yo observábamos las incongruencias de los adultos que hablaban de un mundo que no se atrevían a vivir. Para justificar sus propios miedos y frustraciones, abarrotaban las almas.

Cualquier grito de rebeldía resonaba con furia en sus corazones sangrantes de impotencia y frustración. El temblor se hacía intenso y era precisa la represión antes de sucumbir a la tentación de vencer el miedo al amor. Los veíamos insatisfechos, frustrados, angustiados, y las propuestas políticas también se mostraban incongruentes con los acontecimientos locales o internacionales.

Vino la liberación sexual y los límites de la conciencia cedieron sus murallas a los inducidos estados alterados de conciencia, que dejaron algunos vacíos neuronales. Sin embargo, era necesario revolucionar las estructuras. Era desalentador el panorama. ¿Para qué crecer? ¿Para acabar igual? Muertos en vida, esperando lentamente la muerte, creyendo que el consumo y las necesidades sustitutivas, cómo el coche nuevo, el viaje a Miami o a París, la casa en la playa y la ilusión de la familia feliz, podrían reemplazar esta necesidad tan grande de amar. Si cambiábamos el orden establecido, por lo menos teníamos la posibilidad de dirigir ahora nosotros a tan torpes y maquiavélicos diseñadores de tan patético destino. Y las nuevas generaciones crecieron, se acomodaron, cambiaron las formas, ahora tocaba hacer lo contrario y a su vez, tuvieron miedo... Y la historia se repitió, como se ha repetido innumerables veces, y se seguirá repitiendo hasta que se rompan las cadenas de destinos frustrados. Reprimen a sus adolescentes, asustados del modelo que se les propone, porque no tienen el valor de ver lo cobardes que han sido.

Me dedico al abrazo porque, y lo digo abiertamente, tengo 41 años y quiero que mis hijos sepan que la infelicidad es el resultado del miedo a enfrentarse a sí mismo. Quiero que sepan que lo que pasa afuera pasa adentro, que somos tan responsables de la caída de las torres gemelas como los mismos terroristas que estrellaron los aviones, que los desastres de los huracanes se deben a la inconciencia ecológica y porque no me lavo los dientes con un vaso sino a chorro de agua. Quiero que sepan que la capacidad humana de unidad y felicidad es ilimitada, pero hay que tener el valor de enfrentarse a sí mismo. Kirkeegard bien dijo que "la ética es tomarse a sí mismo como tarea", y dejar de anular al otro para no sentirse tan mal.

Cuando una madre ve a su hija adolescente hermosa, sensual, llena de vida, rodeada de muchachos que quieren besarla, bajo el pretexto de cuidarla para que no sufra, trata de atenuar su propio y ardiente deseo de ser besada. Cuando un padre "guía" a su hijo por los caminos de la prudencia, se asegura de no encontrarse con las miles de veces que le dijo no a su destino.

Hago aquí, por este medio, un llamado. Padres: hombres y mujeres, les pido un poco de honestidad, vencer el miedo al amor, abrazar el dolor, revoluciona la mente, revoluciona el comportamiento, revoluciona la estructura, revoluciona la sociedad y el alma sonríe.

Con el término revolucionario no me refiero a establecer igualdades en todo. Me refiero a igualdades dentro de las diferencias de orden. Me refiero a una igualdad jerárquica.

No por nada, se nace pequeño y se va creciendo. Una igualdad que tiene que ver con el derecho de respetar la esencia, pero una jerarquía que marca la diferencia de lugar, de necesidad y de experiencia.

La igualdad del permisivismo posterior al autoritarismo ha revelado en términos educativos grandes errores. Los niños son iguales a sus padres en términos de humanidad pero diferentes en términos de lugar y necesidad. Bajo el lema de la igualdad muchos padres han adoptado la comodidad de dejar crecer solos a sus hijos y han formado adultos estresados, incapaces de ver al otro porque nadie los miró en su necesidad de dependencia. Adultos que hoy tendrían que ser independientes y maduros, resulta que necesitan la dependencia que no tuvieron. Las etapas se invierten pero nunca se saltan.

Por eso, escogí la terapia de abrazo, porque es una herramienta que no permite por ningún motivo que el miedo le gane al amor. Porque es una herramienta que diluye el abuso de poder y le da espacio al poder personal. Porque es una herramienta que permite expresar el dolor y el enojo por creer tanto tiempo que la separación es nuestro destino.

Suleika estaba incómoda, ya era tiempo de acomodar piezas clave. Sabía que su enojo le había dado la fuerza para difundir la terapia de abrazo pero también que, por la reacción del público a la entrevista, con tanto enojo ya no avanzaría. Era demasiado personal. Debía seguir creciendo y había que desentrañar algo que no entendía pero que sentía.

Constelaciones familiares

El vínculo que une a dos personas requiere como condición preliminar que cada una de ellas se ubique en el lugar que le corresponde. Sin orden en el sistema, es imposible que el amor fluya.

El amor necesita una dirección para no perderse. Lo que el jarrón es para el agua, el orden es para el amor. La posibilidad de darle forma y recibirlo.

Esto lo comprendió Suleika tras cinco años de práctica de abrazos. A pesar de hallarse absolutamente convencida del poder del abrazo, algunos le parecían demasiado prolongados y no siempre se lograba abrir el canal del amor (sanar el vínculo) para que éste se renovara y fluyera.

Había que incursionar en los vínculos anteriores y revisar las cargas transgeneracionales. Si estaban atoradas relaciones de pareja anteriores a la de sus clientes o no fluía el amor entre ellos y sus padres.

O si estaban identificados con alguna persona del sistema, pues al tomar el lugar de alguna persona que la familia no quisiera reconocer, era difícil lograr que se liberara en un abrazo la memoria corporal de separación. Estaban condicionados a algo más grande que la relación de pareja en sí. Estaban implicados en reglas de sus sistemas de origen que no podían romperse así nada más. También ahí había amor.

Era necesario pedirle permiso al grupo para amar de una manera diferente a la que por siglos el grupo se había acostumbrado.

La primera constelación familiar que tuvo el privilegio de presenciar le abrió los ojos a una lógica y sentido común que hacía tiempo daban vueltas en su cabeza.

Resultaba muy evidente que para que una mujer pudiera dejarse amar, tenía que aceptar la energía femenina de su propia madre. Y de todas las mujeres. Recordó a Patricia Kay, la partera, diciéndole a una mujer que paría y tenía bloqueada la dilatación del cuello del útero: "Conéctate con todas las mujeres que han parido antes que tú y que están pariendo en este momento. Sobre todo conéctate con las mujeres de tu linaje, con tu madre, tu abuela, bisabuela, tatarabuela, etcétera, que al parir te han transmitido la vida y la capacidad de perpetuarla". En ese momento se sintió la presencia de la energía del parto. Se trata de la energía de la vida, cuya potencia es grandiosa e irrefrenable. En ese momento se abrió el canal del parto, la mujer sintió la muerte y entró en la vida su preciosa hija.

Ahora Suleika sabía que para sanar un vínculo había que inscribirlo en el sistema del que forma parte y revisar a qué patrones amorosos respondía.

Agregó al Manual de vinculación los párrafos siguientes.

Necesidades o *saudades*

A Suleika siempre le fascinó la palabra saudade. Al preguntar por la traducción al español de esta palabra portuguesa, la respuesta era que no había traducción literal que pudiera abarcar el sentimiento de añoranza que contenía en sus siete letras.
Al escribir lo siguiente sintió lo que significa.

Las necesidades que se intentan cubrir en la vida y que nos motivan a buscar todo tipo de superación –como el éxito profesional, la educación, clases de desarrollo, decisiones o actividades que nos den satisfacción– parecen algo ajeno a nosotros y que apenas descubrimos, como si nunca hubieran estado presentes.

Sin embargo, cuando se siente tal impulso y motivación es porque ya en alguna ocasión hemos estado en contacto con su satisfacción. Ya sabemos el placer y el sentido de unidad que nos proporcionan y aunque no lo recordemos de manera consciente, está registrado en la experiencia del alma. El alma nos dice que las necesidades satisfechas están dentro de nosotros, que nunca dejaron de estar, nunca las hemos perdido. El término *saudade* significa algo que nunca se ha ido, que sentimos ausente pero perdura en sensación, en un espacio secreto del ser.

Por ello, cuando entramos en el plano corporal, material, las necesidades en torno a las cuales gira todo el proceso de desarrollo humano adquieren una nueva dimensión cuando incluimos la posibilidad de que lo que determina la vida, una necesidad insatisfecha, ya ha sido cubierta hace mucho tiempo. El cuerpo indica la necesidad mientras la mente la niega.

Se requiere pensar en las necesidades en sus dos niveles. Estos niveles son ambos importantes. No se excluyen, sino que se complementan y ponen a actuar la dialéctica de los polos, que siempre será el origen de la vida, como la conocemos en cualquiera de los seres vivos que forman nuestra experiencia humana. El primer nivel de las necesidades es aparente, corporal, sensible, impulsa y dirige la búsqueda de la satisfacción porque hubo en el nivel físico una separación de la madre en la que se perdió la posibilidad de estar cerca; por ejemplo, en el momento del nacimiento. En este primer nivel se registra que algo falta. El segundo nivel es el del alma. En este nivel no hay carencia ni separación; tampoco es aparente, sino real. En él siempre hubo satisfacción. La separación es un medio para descubrir la realidad, en este nivel la necesidad no existe, sólo es una *saudade*.

Los dos niveles son importantes y están al servicio del desarrollo.

Desde el nivel terrenal, corporal, visible, las necesidades de todas las personas son las mismas aunque sean distintas las circunstancias geográficas, económicas y culturales. Todos tenemos las mismas necesidades y los mismos anhelos. En esos anhelos nos conectamos porque todos anhelamos lo mismo: ser amados y valorados, sentir seguridad y ser parte de un grupo que da identidad. Necesidad del otro, es el mayor anhelo.

Cada persona cree que su percepción, sus creencias, sus ideas o su manera de comportarse es la única correcta. Piensa que su verdad, es la verdad. Pero esta verdad es sólo una parte de una realidad propia, no es la realidad en sí.

Sentirse amado y valorado significa que a pesar de lo que los demás creen que es correcto, o de lo que los demás aceptan, ser diferente, pensar diferente, sentir diferente, hablar diferente no pone en riesgo el amor. Un ser humano anhela profundamente que a pesar de todo lo que haga o diga o piense, lo amen y lo valoren por lo que es.

Sentirse seguro equivale a sentir la presencia de alguien más grande y más fuerte que recuerde que se necesita siempre de otro para transitar en este plano de vida. Que nos recuerde que el proceso de crecimiento se hace a través del otro y con el otro. Un niño no desarrolla sus potencialidades si no asegura la presencia de un padre que lo guía, que decide por él en tanto crece y se fortalece para enfrentar por sí mismo el mundo. Un niño que tiene que madurar antes de tiempo y comportarse mental o físicamente como un adulto por mera sobrevivencia, porque si no lo hace será rechazado, desarrolla un nivel de estrés interno o de ansiedad que suele botarse o expresarse de manera desviada. Un adulto sabe que sus planes siempre se logran si pone su proyecto en manos de muchos que en conjunto podrán realizarlo. Y una pareja podrá avanzar y descubrir en el otro su esencia si sabe que la relación depende de ambos y no sólo de uno de los dos.

Pertenencia

Hablar de pertenencia en esta época en la que cada vez estamos más convencidos del poder del individualismo y la independencia es casi un sinsentido. En este mundo en el que comunidad e interdependencia mutua son conceptos que han perdido fuerza y presencia en la experiencia concreta, en el pensamiento y lenguaje común resulta difícil hacer ver de qué manera tan profunda y anclada necesitamos pertenecer a otros. Mientras que no necesitar de nadie es, no sólo sinónimo, sino condición de éxito y valor, la salud emocional del ser humano consiste en poder reconocer y ver su necesidad no sólo de dependencia sino de pertenencia.

Testimonio
Verónica. 21 años. Estudiante de psicología

Historia de Suleika.
Verónica es una chica de 21 años encantadora, sensual, con una belleza exótica y un aire misterioso que la envuelve y da un aire mágico a su andar lento, pausado y reflexivo. Sufre de una profunda ansiedad, un sentimiento de desesperación y aburrimiento donde ya nada le parece excitante. Todo es más bien pesado, cansado y sin mucho sentido. Tuvo dos abrazos con su novio, que, a pesar de recibir lo que le correspondía, más lo que no, seguía siempre en la misma disposición por su des-

bordado amor hacia ella. Las crisis de ansiedad se calmaron un poco pero subía el nivel de histeria y desesperación.

Se planteó la necesidad de un abrazo con su mamá, al que se resistió. En una sesión, tras explicarle a Suleika que había tres tipos de respeto —por lo que uno logra en la vida, por lo que uno es y por la capacidad mental— y que no siempre se podía respetar con los tres tipos a los padres, preguntó por qué era necesario un abrazo con su mamá. La respuesta de Suleika fue la siguiente:

> *Te felicito: has logrado desarrollar una mente brillante con respuestas profundas, y por ello te tengo un gran respeto mental. Sin embargo, mientras no puedas ver que el respeto a los padres es completo, no puede dividirse en tres, no puede tomarse según la conveniencia, una parte sí y la otra no, entonces tu mente no podrá ayudarle a tu cuerpo, y tu alma estará buscando la manera de rendirte ante la evidencia: antes de poder sola tienes que saber pedir. Usará tu cuerpo, que seguirá sintiendo ansiedad, intranquilidad, angustia y miedo para hacerte ver lo que realmente necesitas.*

En silencio, Verónica firmó con mucho recogimiento interior la hoja compromiso para realizar al menos cinco abrazos.

Llegó el día del abrazo con su mamá. Se enojó mucho, trató de negociar, el dolor en su cuerpo se hizo intenso, hizo a un lado a su madre y gritó:

> *Nunca más voy a hacer un abrazo con mi mamá porque no me respeta, me usa para confirmar sus teorías nuevas que adopta mecánicamente y sin pensar. No me ayuda. Yo le ayudo a ella.*

Suleika le hizo ver que ahí estaba el dolor. La herida de no ser vista más que a través de teorías, la había obligado a ser más inteligente que cualquiera.

La sensación de Verónica consistía en no poder contar con su mamá porque basaba su cotidianidad en teorías que la alejaban de la posibilidad de ver sus necesidades. Verónica decidió entonces que ella lo haría sola. Que no necesitaba de nadie. Guardó su enojo en su cajón y se enfermó.

Y el mismo abrazo se negó a sí mismo para que Verónica viera, sintiera su dolor. Ese dolor tapado que le provocaba ansiedad y angustia y le impedía acercarse a su madre.

La terapia de vinculación con adultos destapa el dolor.

El abrazo sostiene. Los brazos contienen, no permiten huir ni tener miedo de las sensaciones y de lo que es, y cuando se expresa lo profundo, lo que se teme por miedo a perder el amor del otro entonces el cuerpo integra lo que el alma sabe.

El alma no quiere teorías que alejan.

El alma no quiere que se proyecte en otros lo que duele, porque esa proyección separa. Reconocerla la libera y la trasciende.

El alma sabe que no es necesario separarse para ser amado, para sentirse seguro y para pertenecer.

El alma sabe que es preciso reconocer al otro más allá del dolor.

El abrazo, al constituir el medio para ver las carencias que generan dolor, permite entonces satisfacerlas de manera más directa y percibirlas mucho menos desviadas y por tanto dolorosas. Las crisis de ansiedad, en este caso, buscaban alcanzar en Verónica "respeto". Respeto por su madre, que fuera cual fuera su método, amaba a su hija. Al no satisfacer su necesidad de esta manera, Verónica pagó un precio muy alto. Al saber lo que realmente se necesita, los métodos desviados y destructivos para llamar la atención y alcanzarlo pierden sentido.

Se quiere algo más y descubrimos gradualmente que las necesidades ya están cubiertas y que somos mucho más que la idea de carencia que nos acompaña, alimentada sin cesar por el miedo a perder.

Suleika estaba emocionada. Había comprendido que el encuentro sin ruptura con uno mismo y con la esencia maravillosa modifica los comportamientos, las relaciones, el sentido del yo y del otro.

El abrazo y las constelaciones familiares permitían explorar y descubrir al ser humano, así como descubrir tras las apariencias sus capacidades desbordadas, sus dones y los alcances que le son propios. Era posible crear una sociedad más sana, más abierta, más libre para amar; sus ideales de juventud, abandonados hacía mucho, tomaban nuevamente consistencia pero ahora no eran una huida ni una ilusión, sino la realidad.

Los abrazos son revolucionarios, piensa Suleika. Esta vinculación con uno mismo y con los otros ofrece un poder personal inmenso porque reconoce que nunca hemos estado solos, que nunca hemos estado separados. Si vemos lo que somos y vemos al otro como es, no hay razón de luchar unos contra otros, de ponernos unos encima de otros buscando sobresalir, ni iniciar guerras para recuperar lugar y dignidad.

Impera la necesidad de relaciones más sinceras y directas que nos ayuden a descubrir el milagro interior.

Suleika debía continuar abrazando a su marido para dejar de luchar contra él.

Las parejas dan y se dan

Nuestra primera experiencia de vida es de separación. Si no nos separamos de la madre morimos en el útero. Esta separación es dolorosa y es sinónimo de vida. Creemos entonces que nuestra experiencia vital será de constante separación, rechazo e inseguridad. La historia personal está marcada por separaciones que se registran como "falta de". Vivimos en la búsqueda y esperanza de llenar estas carencias adoptando mecanismos que al evitar el dolor se convierten en mecanismos desviados, con los cuales no se siente el dolor pero se acaba pagando un precio aún mayor. El abrazo es la posibilidad real de sentirse lleno porque conduce directamente al dolor evitado y lo libera, limpiando el estigma de la carencia. En lo más hondo el alma sabe que la separación no existe, que nunca hemos estado separados. Sólo la añoramos. Distraídos por la ilusión, esta añoranza es una puerta abierta a la carencia. Eliminada la venda que ciega, el verdadero proceso de separación puede comenzar. El proceso real de la independencia, del dar, de la unidad y del amor. Nada que no ha estado unido puede separarse.

> **PARA DAR, PRIMERO NECESITAS HABER RECIBIDO**

Para que una relación de pareja funcione se debe saber dar. El adulto que fue niño y recibió, tiene algo que dar. Se requiere ser adulto para ser pareja.

El niño de nuestro interior necesita para crecer acomodar sus vínculos primarios, del pasado y dejar así que las riquezas de los vínculos nuevos, los vínculos de amor, tengan espacio propio para expandirse.

Benditas defensas: gracias

Testimonio
Aurora. 33 años. Ama de casa

—¿Cuál es el motivo de tu visita?

—Me siento perdida, confundida, lo que antes me parecía tan evidente ahora ya no me funciona, pero sobre todo estoy agotada... y tan triste..., tan sola...

Prosigue como si hubiese cometido una imprudencia:

—Mira, soy una mujer a la que le gusta la vida, soy positiva; todo lo que hago, lo hago por mis hijos, que son tan lindos, tan bellos. Estos angelitos...

Sus ojos miran hacia el piso al tiempo que se dibuja una sonrisa melancólica en sus labios. Está viendo a un muerto.

—Qué bonita eres, ¿siempre te arreglas así?, –le pregunta Suleika.

— Claro, y más cuando está mi marido.

—Cuéntame qué pasa con tu marido.

—Mira, ése es el problema. Hace un año me di cuenta de que me engaña, lo descubrí por el celular. Y sabes, es un hombre maravilloso, excelente persona y lo amo, pero esto no lo quiero, no lo puedo permitir. Hace años vivíamos juntos pero por trabajo se cambió de ciudad y nos veíamos de vez en cuando. Decidí mudarme para estar más cerca de él. Y fue cuando me di cuenta de este asunto.

—¿Qué pasa cuando hablan del tema?

—Cuando le digo que ya no aguanto más, que quiero separarme, él llora, me dice que me ama y yo no quiero verlo sufrir y me da mucha ternura y lo consuelo.

—¿Tú eres más fuerte, tú lo ayudas. Tú le ayudas a cargar con su culpa y con su responsabilidad?

—Sí.

—¿A quién ayudaste cuando eras chica?

—Bueno, cuando murió mi papá, mi mamá quedó destrozada y con todos nosotros y nos sacó adelante. Mi mamá es una mujer excepcional.

—¿Y qué pasó contigo?

—No quería ser un problema, y yo también encontré una manera de salir adelante. Estaba alegre, no me dejé caer, cantaba cuando estaba triste y ayudaba lo más posible a todos, especialmente a mi mamá.

—¿Cómo fue para ti la muerte de tu papá?

—Doloroso, pero lo supera uno. Nunca me dejé caer; mi mamá no lloraba nunca frente a nosotros.

—¿Qué edad tenías?

— Cinco años.

—¿Extrañas a tu papá?

—A todo se adapta uno, la vida continúa.

—¿Y extrañas a tu marido cuando no está?

—Sí.

—¿Él lo sabe?

—Es que trato de ocuparme de los hijos y no dejarme caer.

—¿Tu marido sabe que lo necesitas?

—Se lo digo.

—¿Te cree?

—…

—Yo, al verte siempre tan bien, me cuesta trabajo imaginar que estás sufriendo, que necesitas de tu marido y sobre todo que tú puedas necesitar a alguien.

—Es cierto. No soy tan fuerte como parece.

Suleika le sugirió un abrazo de pareja para que pudiera ver la fuerza real de su marido que ambos se encargaban de anular. Ella, para continuar con sus defensas en alto y no sentir el dolor de la pérdida de su padre y él, por comodidad de no asumir su rol de hombre y adulto.

Lo que en la infancia nos ayudó a no ser rechazados y a sobrevivir, en la vida adulta se convierte en un problema. Es necesario adaptarse a la nueva situación. No se necesita lo mismo en la infancia que en la adultez. Lo que salvó de chico, si no se transforma como el mismo proceso, puede matar de grande. Tarde o temprano la infancia nos alcanza. Hay que detenernos, revisarla, ahora con los ojos de un adulto que ha crecido, que no depende de otros para sobrevivir, sino que los necesita para expandirse, y que no requiere, a diferencia del niño, seguir blandiendo los escudos para mantenerse de pie ante las embestidas agresivas de la vida.

Para sobrevivir se suele optar por la huida. Para que no duela, desconecta. Para no sentir miedo, congela. No dar para que no reclamen, no sentir para que no duela, no comprometerse para no perder. Siempre con la esperanza de salir de este mal momento muy pronto y sin rasguños. Como si eso garantizara no sufrir… y lo peor es que lo temido sucede de igual forma, pero sin disfrutar de lleno todo. La mejor arma y compañera es la huida, el escape, la soledad.

¿Cuánto tiempo más estaré huyendo? ¿Aún tengo que escapar de mis heridas? No será momento de verlas de frente y liberarme del fantasma del miedo y el dolor. Tantos años, 35, 40… conviviendo con él. Es momento de mirar atrás y revisar lo que ayer no podía hacer.

Suleika sufría y quería terminar de enfrentar al dinosaurio como lo había hecho Fernando con el apoyo de su madre y de varios abrazos.

Testimonio
Fernando. Seis años. Hijo de Perla

Fernando, de seis años, despertó muy contento. Corrió a la cama de su mamá y le dijo:

—Mamá, mamá, enfrenté al dinosaurio.

—Qué pasó, hijito, cuéntame.

Perla sabía de las pesadillas de su hijo y del terror que le provocaba el dinosaurio que lo perseguía.

—Pues como siempre, me perseguía y me perseguía el dinosaurio para atraparme y yo corría y corría y tenía tanto miedo, mamá, como siempre, pero estaba muy cansado y quería seguir corriendo y seguir corriendo pero mis piernas se me doblaban. Y ya no pude más, mamá. Me paré, me voltee, miré al dinosaurio a los ojos y le dije: "Está bien: cómeme, ya no puedo correr". ¿Y qué crees que pasó? Me miró, me abrazó y se desapareció como humo entre mis brazos.

Y nunca más volvió.

Hablar de parejas es hablar de adultos

Hablar de parejas es hablar de adultos que enfrentaron al dinosaurio de la infancia.

Este libro es un libro de parejas. Las parejas se dan entre adultos. La gran pregunta es: ¿las parejas son dos niños que persiguen al adulto o dos adultos que abrazaron a su niño y ahora pueden abrazar a otro adulto?

Para hablar de la vinculación o del abrazo de pareja tenemos que ubicar con claridad si estamos hablando de adultos.

Hablar de adultos resulta tramposo porque a veces suponemos que un adulto es lo mismo que tener más de 20 años o estar casado o tener hijos; pero a diario sabemos de niños de 50 años o más, casados y con hijos.

Ser adulto es pensar como adulto, tener una conciencia adulta, no ver las cosas como las ve un niño, en blanco o negro; es ver la vida de una manera más real y no desde una perspectiva de sobrevivencia. El adulto se responsabiliza de sí mismo y de sus actos, el adulto es objetivo y sobre todo sabe quién es y puede reconocer su poder.

Aunque la mayoría de los "adultos" seguimos pensando y comportándonos como niños, tenemos la obligación de tratarnos como adultos.

Para empezar, en un proceso de vinculación de pareja todos los implicados que son mayores de edad, tienen la capacidad de decidir si quieren vivir esta experiencia.

En el caso de una terapia de vinculación con niños son los padres quienes toman o deberían tomar solos la decisión.[19] Agrego deberían porque, desgraciadamente, al tratar de balancear los efectos de la educación autoritaria, los padres han adoptado altos grados de permisividad, incluido el hecho de compartir con sus hijos decisiones que están totalmente inhabilitados para asumir.[20] El niño no ha desarrollado aún su capacidad de identificarse y asumir su responsabilidad, porque su sobrevivencia aún depende de un adulto. Un niño es totalmente dependiente.

Así como en la vida, en la vinculación y abrazos de niños, éstos dependen del padre o de la madre o de ambos. Son pequeños y necesitan ayuda, están por ello inclinados a adaptarse o someterse a ciertas circunstancias, con tal de no perder a sus padres o el amor de ellos. La sobrevivencia de un niño consiste en satisfacer sus necesidades básicas tanto de alimento y cuidado como de amor, valoración, seguridad y pertenencia.

El niño, al ser más pequeño y dependiente de esas necesidades, en tanto crea su identidad, puede ser víctima y sacrificarse con tal de no perder eso que lo nutre.

En cambio, el adulto ya no depende de nadie en términos de sobrevivencia básica. No puede ser ya considerado víctima pues tiene la posibilidad de acceder a sus mecanismos de defensa para lidiar con experiencias riesgosas. El adulto es su dueño y siempre tiene la posibilidad de decidir, cuenta con el famoso libre albedrío que le da la oportunidad de decidir ante las opciones que la vida le presenta para construir su destino. El adulto ya sobrevivió a la infancia.

El objetivo primordial de la vinculación y abrazo de adultos es poder ver al otro tal cual es. Sin la confusión de los vínculos

---

[19] Martha Welch, *Holding Time*, Simon and Schuster, Nueva York, 1988.
[20] Rosa Barocio, *Disciplina con amor, op. cit.*,

con los padres transferidos a la pareja, con mayor claridad, el adulto en crisis de pareja puede tomar decisiones de separación desde una conciencia adulta, atendiendo, y no cediendo a sus necesidades y asumiendo la responsabilidad y consecuencias de sus decisiones.

Enfocar a las parejas remite a revisar las relaciones de los hijos adultos con sus padres. En los abrazos de pareja se aprecia con notable claridad que cuando existe un conflicto en la pareja, su origen es el dolor del niño reactivado por el amor nuevo. Por ello es importante atender primero a ese niño que trata desesperadamente de ser visto en su dolor. Los miembros de la pareja están inconscientemente a la espera de que el otro le resuelva el dolor. Ni el marido, ni la esposa pueden llenar el vacío que dejaron los padres.

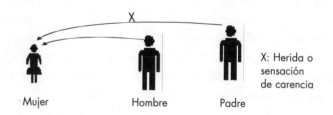

La mujer espera del hombre lo que le faltó del padre

A diferencia de lo que solemos creer, lo que no hicieron los padres, no fue un error. Tiene un sentido para la vida de ese hijo y la tarea de éste es descubrirlo.

Para ser adulto primero hay que integrar a los padres y luego separarse de ellos.

Suleika siempre se había quejado de la dureza de su padre y de lo poco comprensivo que había sido con ella. De las escasas veces que se había sentido apreciada, vista y reconocida por él. Intentaba de mil maneras llamar su atención. Una noche regresó a las cinco de la mañana con las zapatillas en la mano. Había tomado. Apenas podía caminar. Sólo tenía 17 años. Su padre la esperaba junto a la escalera. Cuando ella lo vio se burló de él. Él le pegó. La tiró al piso y la pateó. Suleika lloraba y gritaba. Se fue de la casa. Le prestaron una casita en construcción y armó un cuarto. Buscó trabajo. Durante años, criticó y culpó e intentó arrancárselo del corazón. Tiempo después, en consulta, un cliente le preguntó a Suleika dónde había aprendido a dar golpes tan certeros para que brotara el amor. No contestó. Ella sabía que había sido el mejor legado de su padre. Estaba dejando de convertirse en su víctima. Cada día era más fuerte, sentía crecer su poder.

La importancia de los padres

Desarrollarse y crecer equivale a integrar a los padres.

En el proceso de desarrollo, en el proceso de integración de los padres existen cuatro etapas:

1. "Me hago como tú".
2. "Soy diferente a ti y te rechazo abiertamente. Sigo haciéndome como tú en secreto".
3. "Acepto que soy como ustedes" (integración de ambos).
4. "Me desprendo y sigo lo propio".

Entender la relación de pareja significa revisar la relación con los padres a través de sus etapas para identificar las heridas y trascenderlas. Ver cómo se manifiestan las defensas en esas relaciones. Es la única manera de percibir si en la relación de pareja se responde al cónyuge o a un amor ciego con alguien de la familia de origen. Permite identificar si los enojos o resentimientos hacia la pareja son de él o ella o del pasado.

Si se quiere amar, es inevitable revisar el dolor de la primera infancia y darse cuenta de las imágenes inconscientes que nos persiguen. Deshacer las creencias del niño y renovarlas por creencias adecuadas a las nuevas circunstancias para no repetir indefinidamente los mismos patrones.

1. Los padres tienen un efecto muy poderoso en los niños, pues son un modelo con un impacto muy grande.

En el pensamiento mágico del niño, entiende éste que sus padres son como son porque él está ahí, y con un amor muy grande entiende que él "tiene que hacerse como ellos" o "vivir como los padres".

2. En las etapas siguientes, por la necesidad de diferenciarse y crecer, esto adquiere una forma aparentemente contraria, donde los hijos afirman, hacen y demuestran que no son como sus padres. Sin embargo, este hacerse como los padres para demostrar el amor sigue actuando en secreto, ya no tan visible. Pero encubierta, la tendencia actúa con mucho mayor potencia.

Aquí empieza una imitación secreta; mientras afirman: "quiero ser diferente a ti", los siguen en secreto.

Entre mayor sea el rechazo a quien dio la vida, más conexión con él y repetición de modelos, más atrapado se está en ese apego pues el vínculo y el amor que emana de él nunca podrán borrarse.

Es muy importante que los padres digan abiertamente lo que esperan de sus hijos:

Que sean libres y felices y que si ellos tienen problemas, de nada sirve que el hijo también los sufra. Hacer lo mismo para demostrar cuánto los ama es un sacrificio en vano.

Proyectar la historia personal de manera inconsciente en los hijos tiene profundos impactos en ellos para el desarrollo de su futura vida en pareja.

Tal es el caso de Ian, que no pudo diferenciar la experiencia de sus padres de su propia experiencia.

Testimonio
Ian. 38 años. Fotógrafo

Ian es un joven de 38 años que recibió mensajes ambivalentes, en especial de parte de su madre.

Ian, contó Suleika bajo su condición de humano, es parecido al sol. Es grande, sonriente, luminoso, caliente. Invita a desplegar la voluptuosidad y la sensualidad. Nutre y embellece a las mujeres a las que se acerca. Es tierno con los niños. Es un artista. Hijo único, creció en la abundancia afectiva y económica.

Ian tiene mucho que dar.

Conoció a la representante de la Comisión Internacional de los Derechos Humanos de los países en guerra. Se enamoraron. Él no tenía ojos más que para ella. Ama a Brenda.

Desde que era adolescente, su madre, una mujer decidida, le repetía que debía aterrizar, que debía ser más responsable.

En un abrazo con su madre, ella expresó su enojo al verlo tan entregado, controlando tan poco su gusto por la vida y a los demás. Él hacía lo que ella no pudo.

El padre de Brenda enfermó y al mismo tiempo le ofrecieron el puesto de su vida en el corazón de los bombardeos Líbano-Israel. Si no moría, sería la heroína de la reconciliación entre los pueblos. Ian nunca le rogó que se quedara. Le repetía su amor. Nunca le pidió matrimonio. Le regaló su anillo. Ella no lo aceptó.

Ella se fue. Las palabras de su madre, resonaron mil veces en los oídos de Ian. Empezó a creer lo que todos le decían. Por no ser lo suficientemente maduro, por irresponsable, había perdido a la mujer de su vida. Se sentía muy culpable, quería odiarse pero no podía.

Hizo su constelación. La imagen fue la siguiente. Él había percibido en su alma y desde el principio que el corazón de Brenda estaba ocupado por su padre. Ella creía que la vida en pareja y familiar estaba destinada a la disfuncionalidad y a la separación. Había almacenado demasiado dolor. Estaba cerrada y a la vez deseosa de recibirlo. El amor de Ian le laceraba el cuerpo, la invitaba a transformar su percepción. Tenía tanto miedo.

Ian vio su amor por Brenda en la constelación. Supo siempre que no podía forzarla, ni controlar su proceso. Ella tendría que hacer el camino hacia su propia reconciliación. Entendió que su madre lo invitaba a hacer lo mismo que ella había hecho. Al ser responsable, controlaría sus sentimientos y nunca se rendiría al amor verdadero. Verlo amando, le despertaba sus heridas más profundas.

El padre de Brenda murió.

Ian se subió en el primer avión. Llenó la casa de flores, le volvió a entregar el corazón.

Ella se enfureció. Lo insultó. Lo maldijo porque el tiempo para el amor ya había pasado.

Ian la miró a los ojos y con un dolor presente, lento, suave y verdadero, le dijo:

—El amor del alma no tiene tiempo, nunca tiene prisa. No se controla, ni se dirige, no es responsable, no es maduro, sólo es. Mi alma te escogió. Aprendí a no dudar de mi amor, me liberé de los miedos de mi madre. Gracias. Cuando quieras recibirlo, es para ti.

Ambos padres son importantes para los hijos. Éstos se hallan formados en 50% por el padre y en 50% por la madre. Los necesita a ambos por igual aunque no en el mismo momento.

Si bien el hombre y la mujer son diferentes en su energía y en su modo de percibir las cosas, suele imponerse uno u otro. Cuando eso sucede el hijo tiende a aliarse abiertamente con el ganador, con el fuerte, pero secretamente se alía con el que pierde y trata de ayudarle a recuperar su lugar.

Testimonio
Adrián. 34 años. Arquitecto

Adrián odiaba a su padre. Juraba que nunca sería como él. Por ser tan mujeriego había lastimado a su madre, que era una santa. Adrián se quedó con su madre cuando ella corrió a su marido de la casa. Él respetaba a las mujeres. Se casó con Silvia. La madre de Silvia le hizo la vida imposible a Adrián. Finalmente ganó la batalla y logró quitarle a sus hijas. Hace diez años que no las ve. Si se acerca, lo encarcelan. Adrián no es como su padre. Es leal abiertamente a su madre; secretamente, a su padre: ambos perdieron a sus hijos.

3. Evolucionar es igual a sumar dos sistemas.

Ninguno de los dos sistemas de que provienen los padres es mejor que el otro. Los valores de uno son tan importantes como los del otro.

Se sugiere que ambos aprendan a ver la riqueza del otro y a integrar ambos para que los hijos no se vean negados en sí mismos.

Es la única manera de que los hijos se sientan orgullosos de ser quienes son y libres, pues así no tienen que rescatar a nadie. Pueden dedicarse a vivir.

El siguiente testimonio ilustra desde la visión de un padre, el impacto que puede tener en un hijo el hecho de que la pareja no logre integrar las diferencias de sus sistemas de origen.

Testimonio
Kenasi. 45 años. Investigador y profesor

Kenasi es padre de un niño con rasgos autistas, y después de un proceso de vinculación le mandó esta carta a Suleika.

Ahora nuevamente te agradezco mucho todo el apoyo que nos has brindado. Gracias a que participé en tu terapia, apren-

dí tanto que pude abrir de nuevo los ojos que sólo estaban entreabiertos. Adquirí cierto nivel de tranquilidad al encontrar a mi esposa en mejor estado emocional, o sea menos estresado y con más confianza en sí misma. Me ha convencido del todo la metodología de esta terapia, no sólo por su efectividad sino también por la lógica con la que cuenta cada paso. Pudo embonar sin dificultad en mi pensamiento, el pensamiento lógico de un japonés. A pesar de estudiar teorías de psicoterapia por mi cuenta, sintiendo la necesidad de analizar de una manera más profunda los comportamientos que me molestaban de mis estudiantes, entendí que no sería tan fácil aplicarlas a mi propia vida y de manera objetiva cuando me enfrenté con las dificultades del crecimiento de nuestro queridísimo hijo.

Antes de casarme, vivía de una manera muy libre y al mismo tiempo insegura. Cambiaba de ocupación y participaba en el servicio voluntario en el extranjero, lo que era realmente algo ridículo en aquel entonces para la sociedad japonesa. Tomaba mis decisiones en función de mis principios o de ideas y opiniones discutidas y aprobadas con mis amigos íntimos. En mi adolescencia se decía que un buen amigo valía y a la vez perjudicaba mucho más que la familia, así que escoger a "buenos amigos" era la clave más importante de la vida. De hecho, en ese entonces me lo aconsejaban tanto los maestros en las escuelas como mis padres en el hogar. Además del ambiente en que hemos pasado nuestra adolescencia, nos influyeron las ideas budistas para la formación de nuestra identidad. De tal manera que como los demás japoneses, aprendí a disciplinarme no sólo en el trabajo sino también en la vida cotidiana a fin de lograr alguna meta y al final lo aproveché al máximo para participar en el programa gubernamental de asistencias técnicas internacionales.

Después del matrimonio me enfrenté naturalmente con un "ajuste" para integrar la otra vida, la de mi esposa, para hacer una nueva vida compuesta. En nuestro caso prácticamente se trató de un encuentro drástico de dos mundos inversos, por lo cual, mientras formábamos nuestro propio hogar, el matrimonio experimentaba conflictos culturales inevitables, especialmente en cuanto a temas familiares. En México, la familia es mucho más importante que los amigos. Así pues, con la presencia de otra vida fusionada a la mía fue muy difícil transformar mis principios sobre la familia.

Desde luego percibía que a mi esposa le pasaba lo mismo e incluso le costaba mucho trabajo integrarse a la sociedad japonesa, que debía ser más incomprensible de lo que imaginaba, razón por la cual mi esposa inconscientemente se unía más con su familia mexicana, aun estando físicamente alejada de ella, sin darse cuenta.

Desde que nació nuestro hijo, el estrés aumentó. Sus preocupaciones se aceleraban por su carácter pesimista, tanto que me dejaban innecesariamente estresado, a la vez que mi forma de ser, la de un ciudadano japonés, le causaba más angustia. Realmente existía un círculo vicioso. Ahora que lo reflexiono, nos encontrábamos en un callejón sin salida. Nos pudimos ubicar al ver con claridad la situación. El encuentro de dos culturas nos invitaba a negar la propia sin poderlo lograr, y eso generaba estrés y separación entre nosotros. Aceptar nuestra cultura, integrarla, aceptar la necesidad que de ella se tiene y construir una nueva cultura mexicano-japonesa era ahora el siguiente paso de nuestras vidas.

Ahora mi esposa se encuentra más tranquila y comprensiva y con mucho menos estrés, lo que me da tranquilidad y ánimo. Estoy seguro de que tenemos ambos el mismo punto de vista respecto a nuestras familias de origen y dirigimos los pasos hacia el mismo rumbo.

Eso sin duda ha repercutido en nuestro hijo. Lo puedo ver más calmado y paciente a pesar de mostrar altibajos o a veces retrocesos. Él nos enseñó un nuevo camino de integración de culturas. Me parece que apenas está empezando nuestro gran proyecto a largo plazo con nuevas energías y conocimiento gracias a todo el apoyo valioso que nos has ofrecido. Hasta prontito… Kenasi.

4. Desprenderse de los padres y seguir lo propio.

Si el hijo reclama siendo adulto, manifiesta que no ha tomado, que lo que le han dado le parece insuficiente y reafirma su carencia. Sigue latente su posición de recibir y por tanto queda atado y no puede separarse. Sigue esperando que le den. Es una espera inútil, pues si no lo recibió cuando era pequeño no lo podrá hacer ahora que es adulto. Sólo si cambia de actitud y en vez de reclamar agradece, se vuelve libre y puede continuar su vida.

Agradecer permite relajarse, empezar a sentirse pleno; uno se siente bendecido, ya no falta siempre, sino que hay suficiente y así empieza el camino del rescate de la esencia.

Rescatar la esencia

Pensó Suleika: Yo estaba en mi realidad verdadera cuando quisieron introducirme en la realidad sintética; sin embargo, el instinto me expandió, y hoy he vuelto a ver a esos dos niñitos que caminan atravesando los tiempos y los espacios recogiendo las piezas del rompecabezas de mi defragmentado ser...

La vida se divide en dos grandes etapas, contradictorias entre sí, polarizadas e indispensables la una a la otra: la infancia y la adultez.

La primera, la infancia, es una etapa de dependencia absoluta. En una etapa de tanta indefensión, para asegurar el amor, no ser rechazados, sobrevivir y asegurar la pertenencia al grupo del que se forma parte, el niño deja naturalmente de ser quien es. Abandona su esencia sin darse cuenta, y confunde su nuevo estado con esencia. Es pertenencia.

Sin ella, sin la renuncia a la esencia, no hay sobrevivencia. La ventaja es que el ego, el sentido del yo, la identidad se fortalece. El ego se fortalece y la esencia se hace a un lado. Sólo momentáneamente, hasta alcanzar la fuerza interna necesaria para defenderla. Es la manera de no diluirse entre tanta inconsistencia.

En la vida adulta, en cambio, en la segunda etapa, abandonada la esencia, la vida exige otra estrategia. La vida pide el reencuentro con el ser verdadero. Tener el valor de defender a quien se es, no resulta tarea fácil, pero si ahora no se hace, entonces no habrá sobrevivencia. No necesariamente se trata de la muerte física, puede ser algo peor, la muerte del alma, su desamparo, su infelicidad, su incomprensión traducida en tanto dolor, en tanta lucha, en tanta separación. En esta etapa, para lograr la defensa de la esencia es preciso diluir el ego.

A cada etapa le corresponde una necesidad. La vida es un proceso de cambio y movimiento permanente.

Como para volvernos locos. Suleika no podría contar todas las veces que sintió la locura. ¿Cómo creer que esa locura era la realidad?¿Cómo creer en tanta contradicción sin perderse en ella? ¿De qué agarrarse ante tanto sinsentido…?

De fe. ¿Qué es la fe? Es un micrófono invisible y minúsculo metido en el cuerpo que cuando se siente bien asegura que se está en lo correcto y cuando se siente mal señala que se perdió el rumbo. Es un microfonito que ayuda a creer en uno aunque todos digan que no hay razón para eso. Es un microfonito que dice que a pesar de tanta contradicción, hay algo unificado y simple que aún no sabemos apreciar pero que existe, que no se ve pero es. Se trata del microfonito del alma.

¿Además de su fe, de qué podía agarrarse Suleika para no sentirse tan perdida?

Suleika huyó como todas las veces que quería olvidar que tendría un largo camino por recorrer y que no sentía la fuerza suficiente para asumir su verdadero aroma. Era como si su perfume no acabara de definirse entre todos los olores que el universo entero le presentaba al unísono. Suleika, hay que aclararlo, creía que el otro estorbaba más que edificaba.

Su larga cabellera quería hacerle eco a las enredaderas de flores de colores pero aún no alcanzaba a medir su propio alcance. Suleika tenía aún tanto miedo de que su todavía maleable y suave alma pudiera quebrarse. Le faltaba descubrir que la muerte no existe. Le faltaba transitar por algunas guerras para endurecer un poco la estructura que la sostendría al momento de desnudarse. Ya fogueada por las experiencias, se preparaba para algún día mostrar la esencia. Suleika tenía una esencia que hoy comúnmente llamarían de puta y que ella definía como una desbordante capacidad de integrar sensualmente a sus sentidos. Su fantasía era poder bailar en el Lido de París y presentarse en el escenario ante un público lleno de deseo y represión, con un triangulito pequeñísimo cubriéndole el sexo. Pero como había sido violada a los 15 por su primer novio, con el que se emborrachó, y abandonada por él al día siguiente, nunca se quejó. Él nunca supo cuántas horas lloró lastimada y avergonzada de sí misma, tratando de quitarse el tampax que él no sintió y que a ella se le clavó en el corazón.

Para soportarlo todo, lo disoció y fingió orgullosamente haber perdido la virginidad como una grande que ya era y contando con los dedos a cuántos se había echado, ofreciéndoles un cuerpo pero nunca a ella. Claro, en ese entonces no sabía que esto le costarían 15 años de frigidez, los mismos que de placer.

Suleika aprendió la lección: la mejor manera de lidiar con tan terrible coraza le significaría esconder a toda costa sus ganas de ligarse al que fuera. Engordó muchos kilos, se cortó el hermoso cabello que ponía a soñar a los hombres, quienes se lo imaginaban acariciándoles el pecho, se vestía desaliñada; pero a pesar de todos sus intentos, su seductora belleza se quedó impregnada de manera indeleble en sus ojos indoiranios. Con los años, con los abrazos y con mucho sexo a salvo, descubrió que su esencia se convertiría en su mejor amiga si sabía abrazar la pesadilla, tomándola de la cintura y caminando con ella moviendo las caderas...[21]

---

[21] Erik Anderson, *El hedonismo y la vida feliz: la teoría epicúrea del placer*, traducción de Sergio Sotomayor Prat. Vea al final de este libro la sección Léxico.

El amor en las parejas

Esa noche daba una conferencia en la Universidad. Éste era el anuncio:

EL AMOR EN LAS PAREJAS

Conferencia
impartida por Suleika

A través del abrazo Suleika propone imprimir en el cuerpo una nueva información. Valiosa información del alma. Reprogramar la memoria corporal y avanzar en un cuerpo libre y en amor alineado al alma en su proceso evolutivo. Explica cómo a través de las sensaciones del cuerpo, se puede manifestar el lenguaje del alma y así, descubrir la sabiduría interna. Expone cómo el abrazo libera los traumas o asuntos no resueltos de generaciones pasadas y descubre los secretos que se manifiestan en impresiones en la piel. Invita a que aprendamos a leer las obvias, que por obvias no se ven, impresiones del alma.

Suleika empezó por preguntar a los presentes:

¿Se escoge a la pareja desde el consciente o desde el inconsciente?

¿Si es el inconsciente el que escoge, a qué responde?

¿Qué significan las ambivalencias amor-odio en las parejas?

¿La relación de pareja está guiada por un amor verdadero o un amor ciego?

¿Qué une a la pareja?

¿Qué separa a una pareja?

¿Existen diferentes momentos de la relación de pareja?

Todos los participantes quisieron salir corriendo. Se quedaron por educación.

Pensaron que aquello era demasiado para dos horas y que tardarían toda una vida en contestar esas preguntas. Ella continuó.

El amor es el motor de todas las relaciones. Escojo la de pareja porque es la relación más importante para la vida. En las relaciones humanas existe un orden, existen prioridades. Ese orden en las relaciones se lo debemos a las observaciones fenomenológicas de Bert Hellinger y a las constelaciones familiares. Es básico ordenar el sistema antes de sanar los vínculos de pareja. Si una mujer, por ejemplo, se comporta como hija porque ve en su esposo al padre desaparecido, tendremos pocas posibilidades de lograr que el vínculo cumpla con la misión de transportar el amor de la mujer hacia el hombre. Aquí lo que la esposa espera es llenar la carencia del padre. Primero tiene que sanar el vínculo con su padre. Si no, el amor con la pareja se pierde. El vínculo es como un cochecito que transporta el amor. Si no hay orden, perderá el rumbo y no sabrá qué hacer con lo que transporta, querrá ir en varias direcciones a la vez o por confusión se quedará parado y así no habremos resuelto nada. El marido pensará que la mujer no lo ama y todos los esfuerzos de ella por lograrlo serán en vano. El hijo de ambos se encargará entonces de ocupar el lugar del padre desaparecido y del esposo incompetente. Existe un sentido de orden lógico: antes de tener hijos se requiere una pareja para crearlos. Y para tener la fuerza de encontrar una pareja se necesita antes haberse separado de los padres y haber derrumbado el gran romance que los hijos pequeños mantienen con sus padres. Esto en psicoanálisis se llama la elaboración del Edipo. La relación de pareja impacta en las demás relaciones, en especial la de los hijos, porque es ahí en donde existen mayores vetas para promover el crecimiento. La pareja es una relación generadora de vida y que busca transmitirla.

Revivirla, resignificarla permite irradiar luz hacia muchos rincones. Espacios que se creían cerrados se abren y los que parecían inexistentes o demasiado distantes se acercan. Es como si la pareja fuera un faro que alumbra la oscuridad del mar y los hijos las barquitas que lo necesitan para arriesgarse al descubrimiento de las profundidades de la vida. El trabajo con parejas es muy rico porque permite la elaboración de distintos aspectos al mismo tiempo: la infancia de cada uno de los seres que la integran, sus heridas primarias, la relación con los padres y con la vida, la escisión de su alma, su misión y el significado de los encuentros íntimos y amorosos que se realizan en la vida, su rol de padres. Creo mucho en la terapia de vinculación con parejas porque creo en la familia como el principal espacio que promueve e impulsa el instinto de continuar con la vida, que es el impulso inconsciente vital del ser humano.

Si queremos hacer un trabajo familiar que impacte, hay que trabajar con la pareja o las parejas implicadas. Si queremos mejorar la sociedad, es hacia la pareja donde hay que dirigirse, en primer lugar. Esto no descalifica la importancia del trabajo con los hijos o entre hermanos.

Creo mucho también en el poder de la pareja de manera interna, es decir, ya no por su efecto en el resto de la familia, sino porque en ella cada uno busca su complemento y extrae del otro la energía que le hace falta, así como las experiencias que requiere para crecer. Para mí, la pareja simboliza la búsqueda del mundo, la invitación a trascender los límites de la conciencia para descubrir mucho más, la posibilidad de ver lo que nos impide abrazar la vida, así como la oportunidad de atravesar fronteras insospechadas, incluida la búsqueda de la intimidad y del placer.

Nos ayuda a recordar nuestra capacidad para renovar, generar y dar amor.

El ser humano va en busca de la perpetuación de la vida y lo que más desea es seguir fluyendo con ella. Como dice Bert Hellin-

ger, la vida es como el agua que corre en el río, que no necesita demasiado esfuerzo para llegar al mar. Pero suceden cosas extrañas y las personas por amor a sus antepasados a veces inconscientemente tratan de ir contracorriente. Como el impulso natural es contrario, se tiene que hacer mucho esfuerzo y desgraciadamente no se logra nada. Les contaré una anécdota. Ayer fui a las Estacas,[22] me lancé al río desde la fuente, nadé con él y descubrí un placer infinito, podía nadar y bucear, observar la naturaleza, ponerme de espaldas, incluso descansar y seguir avanzando. Descubrí mi ritmo, descubrí mis capacidades y sobre todo lo disfruté. Después de un rato, decidí ir contracorriente; en diez minutos me cansé lo mismo que en dos horas. Mi cuerpo se alteró, no pude apreciar nada más que el enorme esfuerzo que debía realizar para no dejarme llevar en sentido contrario. No disfruté nada.

He podido apreciar en mis consultas que la mayoría de mis clientes[23] nadan contracorriente, por lo que no pueden apreciar ninguno de los aspectos positivos que la vida les ofrece y mucho menos disfrutarla.

¿Qué nos obliga a ir contracorriente? ¿Qué nos obliga a ver asuntos del pasado en vez de disfrutar el presente? El miedo de nuestro niño interno a perder el amor y la pertenencia. ¿Cómo no va una hija a tratar de cuidar a su madre si la siente deprimida porque ésta perdió a los tres años a su propia madre? Además de saber por historia que las madres mueren, esta pequeña siente que su madre quiere irse en su depresión. La sabe absolutamente dependiente y comprende que sin ella morirá también de alguna forma. Su solución consiste en tratar de reemplazar a la abuela muerta en el intento de darle a su madre lo que le falta para evitar su

---

22 Balneario en el estado de Morelos, México, que cuenta con un río; el tramo en que se puede nadar comienza en un manantial.

23 Usamos el término cliente, y no paciente, para subrayar que no hay enfermedad, sino la percepción de una forma desviada de amar.

depresión. El problema es que una nieta se encuentra en otro lugar del río y nunca podrá sustituir a la abuela.

He acompañado a muchas personas que al experimentar al otro cercano y amoroso en el abrazo, se reconocen, se expanden, descubriendo sensaciones hasta entonces bloqueadas y que mediante esta práctica, he visto cómo se desbloquean rápidamente, mirándose y tomándose tal cual son.

En cada abrazo con el ser querido, te abrazas a ti mismo, se abre la posibilidad de aceptarte, y cuando te hayas abrazado lo suficiente puedes regresar el abrazo al otro, viéndolo como es y aceptándolo como es.

Hemos observado que muchos de los problemas de los niños se resuelven entre la pareja. Cuando escoges a una pareja no la escoges con la razón. La terapia de vinculación pone en evidencia el significado profundo de ese para qué la escogimos y las razones del para qué fuimos escogidos.

Existe una relación entre el hecho de escoger a la pareja y la evolución del proceso de crecimiento que requiere el alma. Esto se observa con mucha claridad en tiempos muy cortos, una hora por ejemplo, a través del lenguaje del cuerpo durante la terapia de abrazo.

Quiero dar un ejemplo. Cuando una pareja viene a verme, el motivo no es su relación. Ésta ha quedado en segundo lugar, parece que su amor ha quedado sepultado y no lo ven. El motivo de la consulta reside en que su hija de cinco años manifiesta una conducta rara, permite que la maltraten y ella no hace nada para evitarlo. Cuando veo más allá de lo obvio, me doy cuenta de que entre ellos así se llevan, se maltratan y se critican. Y la pequeña está repitiendo el mismo patrón.

Trabajamos tres sesiones. Sentí cansancio y aburrimiento porque solamente hablaban de comportamientos superficiales, sacando listas de todos sus errores. Pero en el fondo, yo observaba mucho amor y era el que me pedía ser visto, no la lista de quejas. Les propuse un abrazo.

Cuando los cuerpos se tocan y persiste el amor, se desprende una energía especial, en este caso una atracción muy fuerte, una mirada profunda y compartida, mucho bienestar, y eso lo dice todo. No hay que buscarle mucho. El diálogo del cuerpo, cuando se siente seguro, cuando siente que lo abrazan y que si se atreve a hablar no lo van a soltar y cuando realmente estamos dispuestos a escucharlo, dice la verdad. Habla del amor, nos cuenta lo ilimitada que puede llegar a ser nuestra capacidad de amar y de expansión, nos dice lo fácil y milagrosa que es la vida si nos rendimos ante las evidencias, ante los cuerpos abrazados y su discurso.

Había paz en sus cuerpos. Sintieron calor, calor por amor.

Eso es embonar, es complementarse y dar.

La imagen que surgió fue la siguiente: antes que ver el amor, te mato.

Es más fácil deshacer al otro que tomar el amor. Si se toma el amor, se ve. Cuando se ve el amor, se ve también el dolor. Así es más fácil ver al otro. Al deshacerlo no se toca el propio dolor. Además, al ver el amor se adquiere cierto compromiso con la vida, asumiendo la responsabilidad de la existencia y el impacto que se tiene en los demás. La mayoría de las personas prefieren pensar que su vida y lo que hacen no tiene trascendencia, porque así resulta más cómodo, no hay que responsabilizarse ni por los pensamientos ni por las acciones.

Aquí fue necesario un ritual sanador y repetir la frase: "Intento tomar tu amor bajo la forma que me lo presentas". Las formas de amor se manifiestan con celos o con sobreprotección. Pero en lugar de verse, el amor se vive como una agresión. Es importante señalar que no sabemos qué hacer con tanto amor.

Se observó un cambio en la niña. Ya no permitió ser maltratada y puso límites.

Normalmente, la manera en que los hijos demuestran el amor, es como lo aprenden de los padres. Por ello es tan importante llevar a cabo la terapia del abrazo primero con la pareja, antes de solucionar los asuntos con los hijos. Por la necesidad profunda de pertenecer al grupo familiar, la manera de sostener el vínculo con ese grupo ocurre manifestando los mismos patrones de comportamiento o negándolos por completo. Se trata de una expresión profunda de amor hacia el sistema familiar. Al verlos en los hijos, algunos padres se cuestionan y están dispuestos a replantear su forma de amar para evitar el sufrimiento de los hijos.

La vinculación de pareja implica aspectos fundamentales del desarrollo, no sólo de una persona, sino de toda una familia e impacta en toda la comunidad, con ella abarcamos temas tan importantes como:

1. Las heridas del niño interno de ambos miembros de la pareja.
2. Las relaciones con padre y madre y la relación con la vida.
3. La necesidad.
4. El sentido de la relación.
5. El otro como maestro y espejo.
6. El alma escoge al otro, bueno o malo, para aprender y evolucionar.
7. El amor de los hijos responde a los equilibrios o pactos secretos entre padres.
8. Lealtades invisibles y amores ciegos.
9. Más allá del destino.

El abrazo evidencia los mecanismos a través de los cuales se esconden los aspectos medulares de la vida bloqueando los sentidos, confundiendo la mente y anulando al ser, es decir deteniendo el flujo natural de la vida.

El cuerpo en este plano es el único vehículo para el alma. Si escuchamos con atención, si vemos lo que está atrás del telón, pero *sobre todo si percibimos con el corazón, el cuerpo tiene mucho que decir.*

Mostrar los resultados que se pueden obtener con la terapia de vinculación, en particular con el abrazo, en el que sólo ponemos atención a los mensajes emitidos por el cuerpo, es mi intención. La capacidad de expresar lo que sentimos con claridad, la posibilidad de equilibrar nuestras emociones y vivir sin el estrés interno permanente del miedo a morir si me separan, abrir los canales del amor en cualquiera de sus áreas de acción, aprender a separarnos para continuar con el camino, reconocer y honrar el lugar de las personas que nos dieron la vida son algunas de las posibilidades que nos ofrece.

Los vínculos son los detonadores del crecimiento personal porque implican, para sostenerlos, la aceptación de la integridad y totalidad de los seres humanos, dejar de fomentar las apariencias, las aceptaciones parciales y las mentiras internacionales que sólo dejan en el corazón del hombre vacío, desesperanza y unas ganas terribles de decirle no a la vida.

El hombre sigue su impulso, quiere crecer, probarse a sí mismo, ser independiente y autosuficiente, y avanza a veces con todos sus recursos y a veces con sólo una parte. Los recursos surgen, se crean, se encuentran en una experiencia de unión. Unión del individuo como tal y unión con el otro. Antes de separar, de crecer, de individualizarse, hay que unirse; después separarse, para luego volver a unirse. Dialéctica permanente entre unión y separación. Para caminar solos hay que reconocer cómo nos han guiado y entregado, aunque con caras extrañas, el amor y cariño. De lo contrario estaremos siempre anhelando lo que faltó y nunca podremos ver lo que tenemos. Estaremos hurgando en el pasado, tratando de reconstruir una historia que ya fue, poniendo toda nuestra energía en recordarnos una y otra vez que no será posible ser feliz. En cambio, si se acepta lo recibido, la sensación es de plenitud y fortaleza y se está listo para continuar hacia delante, hacia el futuro.

Esto lo voy a ejemplificar con el caso de una familia con la que tuve el privilegio de trabajar.

Testimonio
Ingrid. 39 años. Ama de casa y catequista

El proceso empezó con Ingrid, la esposa. Hija mayor de una familia de seis hermanos, pero 17 en total al sumar los medios hermanos por parte del padre. Como hija mayor, intenta realizar la necesidad frustrada de la madre. Acude a consulta porque siente un miedo muy grande y una profunda ansiedad ante la demanda de su esposo de que lo apoyara con el transporte de los hijos y algunas tareas domésticas. Le pedí que viniera con su esposo, ya que sin él sería más largo el proceso. El asunto era que a pesar de ser una figura pública y de ejercer gran influencia en su comunidad, se sentía incapaz de llevar a cabo las tareas propias de una madre y esposa. No parecía haber lógica entre su enorme capacidad intelectual y su poder de mover a las masas con su imposibilidad de subirse a un auto sin entrar en estado de pánico. Era como si estuviera bloqueada para actuar en ese nivel. Supuse que eso no se debía a alguna incapacidad real, sino más bien que toda su energía estaba puesta en otro nivel que le dejaba en ceros para el de esposa e hija. Faltaba encontrar en cuál nivel estaba ella invirtiendo su capacidad y energía.

La historia es la siguiente: a sus escasos nueve años, su padre después de engendrar seis hijos y dos intentos de suicidio colectivo familiar, decide abandonarlos.

La madre se queda sola con los seis y pasa incontables penurias, sin comida, sin futuro y con una enorme soledad.

Para sobrevivir, tuvieron un profundo acercamiento con Dios que les dio la fuerza suficiente para salir adelante. Ya no estaban solos y pertenecían a un grupo que tenía la misma fe y los mismos valores.

El padre se convirtió en un ser terrible al que había incluso que culpar permanentemente para tener una buena razón de no caer en la tentación de buscarlo y volver a la vida horripilante, violenta y destructiva que él les ofrecía. Lo excluyeron. Dios tomó su lugar y él quedó en el olvido. La realidad aceptada por todos apuntaba a que el padre era un ser despreciable al que había que aniquilar y suplir.

Todo parecía en su lugar hasta la aparición de ese pánico que impide manejar para llevar a las hijas a la escuela. Y ese pequeño gancho nos llevó a descubrir otra realidad más hermosa y más amorosa.

INGRID le escribió esta carta a su madre:

Mamita linda chula:

Desde que se abrió mi alma a la vida, el primer amor que conocí fue el tuyo; desde el seno sentí tu calor, tu cariño y tu valentía para protegerme y defenderme de todas las adversidades que la vida me presentaba. Al abrir los ojos experimenté el mundo a través de tus abrazos y besos. Pero ese amor también lo conocí mezclado de tu llanto, sufrimiento, tristeza y soledad. Yo no tenía más amor que el tuyo y creía que tú no tenías más amor que el mío. Hice en el fondo de mí un pacto: te amaría como nadie te había amado y te amaría por todos los que no te habían amado. Así quise sustituir el amor de tus padres, el amor de tu hombre y el amor de tus demás hijos. Mi amor era infinito y sentía celos cuando descubría que ese amor no te colmaba.

Posteriormente la vida me presentó a otro ser a quien amar y tuve que dejarte; mas ese amor que tenía para ti no supe cómo compartirlo. Cuando la vida me sonrió con tanta fuerza y me ofreció lo que a ti te negó, me sentí culpable de poseerlo: ¿Cómo tomar aquello que tú no habías tenido? ¿Cómo disfrutar de aquello que a ti te había sido negado? Mi pacto de amor continuó. Creé una coraza que le cerraba el paso a mi esposo, con el fin de solidarizarme contigo y sentir que tú no te habías perdido de nada especial.

A pesar de ya no estar contigo, he continuado con ese pacto secreto en el que yo escogí regalarte mi corazón, ser tu mitad y de nadie más. Pero ahora sé que tú no necesitas de ese amor distorsionado, que mi amor no puede suplir tus necesidades de amar, no puede suplir el amor que sientes por cada uno de mis hermanos y por tus padres.

Hoy necesito que me devuelvas mi corazón, ese corazón que tú nunca me has pedido, y que quise regalarte en esas noches de soledad en las que me platicabas tu vida y tu voz lo llenaba todo.

Necesito que me devuelvas ese corazón que tú no me pediste y que te regalé en esas noches cuando acarreábamos agua y yo quería defenderte del "hombre de negro"; ese corazón que yo te di envuelto en papel celofán junto con un jabón "coraza" y un zacate el día de las madres. Ese corazón que de niña, junto a tus lágrimas, juró no querer a ningún hombre porque no valían la pena y prometió ser tu mitad para toda la vida.

Necesito que me lo devuelvas, junto con mis promesas y juramentos, porque Dios me ha dado un hombre que merece ser amado con toda mi capacidad de amar: "y dejará el hombre a su padre y a su madre para unirse con su mujer y los dos formarán una sola carne". De él soy su mitad, no de ti como quise serlo.

Si me devuelves mi corazón, no dejaré de quererte, ni me voy a arrepentir de habértelo dado, simplemente es que ahora yo lo necesito para dárselo a mi esposo y a mis hijos.

Tú siempre serás mi primer y gran amor y tu lugar de madre, no lo ocupará nunca nadie. El don de la vida que me diste y que me permite disfrutar del amor de Dios, del amor de mi esposo, del de mis hijos, amigos, es lo más grande que hubiera podido recibir y nadie podrá darme más.

Tomo mi corazón y te entrego el tuyo, que también me regalaste sin que yo te lo pidiera, para que ames a quien tú quieras y como tú quieras.

Nada me debes, nada te debo. Nuestros amores fueron mutuamente correspondidos.

Te amo: tu hija y sólo eso.

Escoger una pareja implica aspectos inconscientes que en el proceso de crecimiento vale la pena hacer conscientes.

Uno de ellos es el hecho de que buscamos una pareja que nos permita continuar con la relación que tuvimos con nuestros padres. Seguimos el patrón que asegura la pertenencia pero que se basa en mecanismos de defensa, de sobrevivencia, y no en la propia esencia. Los hombres parecen buscar relaciones que recrean situaciones con sus mamás y las mujeres en función de su papá.[24]

Suleika continua hablando de la familia, pero ahora se refiere a Everardo, el esposo de Ingrid.

Testimonio
Everardo. 41 años. Comerciante

Yo, un hombre que parecía inseguro (estoy hablando de cómo me comportaba hasta hace más de un año), sin fuerza de voluntad propia para tomar decisiones, busco una mujer con

---

[24] Actitudes que facilitan el encuentro. Gay y Kathleen Hendricks, *El arte de la intimidad*, Editorial Pax México, México, caps, II, IV, V y VI. Y Carl Rogers, *El proceso de convertirse en persona*, Editorial Paidós, Buenos Aires, 1979.

mucho carácter, segura de sí misma y con ganas de controlar; yo quiero ser controlado y ella quiere controlar Perfecto. Nos complementamos el uno al otro y ambos recreamos, o nos esforzamos por hacerlo, una situación que nos remonte a la relación con nuestros padres. Yo pretendo ser su hijo y ella pretende que yo me comporte como su padre, que al ausentarse le deja el terreno libre para accionar su poder. El resultado aparente parece bueno, vamos sobrellevando nuestras vidas y sentimos que las cosas están más o menos, después de todo sumamos más de 15 años de casados y no pensamos en la separación: ¿qué más podemos pedir? Pero no nos damos cuenta de que el resultado de esa relación no es totalmente positivo. El comportamiento de nuestros hijos nos lo muestra, pues desarrollan síntomas que expresan desequilibrio. En realidad, la relación que construimos no es sana porque la fincamos sobre cimientos frágiles. Yo no busqué una mujer, busqué una mamá; mi esposa no buscó un hombre, buscó un papá.

Él, cansado de tantas labores, le pidió que aprendiera a manejar. Ella, tan fuerte, entró en crisis.

Hicieron abrazos.

En casa, Ingrid retó a Everardo. "¿Quieres hacer un abrazo?" Va. Pero desnudos." Ella sabía que para Everardo significaba exponerse demasiado. Sin embargo, respondió: "Va".

Desnudos lucharon y él, a pesar del miedo a ver devorada su virilidad, no la soltó.

Ella se rindió.

"Nuestra vida sexual cambió completamente a partir de ese día. Nuestra sexualidad es ahora plena y sin miedos. En nuestra cama ya sólo cabemos dos."

Qué extraño suena pensar que hacemos el amor con una proyección del padre. El resultado no puede ser más que relaciones íntimas cargadas de mensajes contradictorios y cuya energía se queda atrapada en extrañas bifurcaciones. Le doy un beso al cuerpo de un hombre pero mi emoción es hacia el padre. El resultado y precio a pagar en la calidad de las relaciones es alto.

Aclarar los asuntos pendientes con los padres para liberar a la pareja de esa carga es una prioridad. Para ello el trabajo consiste en identificar justamente los asuntos inconclusos. En el abrazo de pareja es evidente a quién vemos. Si vemos a la pareja, la mirada es directa. Si vemos al padre o a la madre, cerramos los ojos.

Culpar a la pareja nos convierte en el niño víctima del adulto. Ese niño es víctima de sus padres. Algo del padre se halla superpuesto en la pareja. Todo se clarifica si adoptamos una actitud auto responsable. Entiéndase esto como: convertirnos en los únicos responsables de nuestra vida.[25]

Estamos en pareja para crecer.

Habían pasado más de dos horas. Suleika se detuvo y propuso a su auditorio continuar en otra ocasión.

25 Nathaniel Branden, "Como llegar a ser auto responsables, hacia una vida autónoma independiente", cap. 6 de *Auto responsabilidad y amor romántico*, Editorial Paidós, Barcelona, 1997.

El reto de la pareja

El amor tiene una trayectoria a lo largo de la cual se nos exige cada vez más. El amor a la madre, manifestado por la simbiosis con ella para nutrirse; el amor al padre, primer encuentro con el triángulo amoroso, madre, padre e hijo, en el cual, teniendo al fin a alguien a quien dirigir el amor, se ve frustrado al no poder acceder al objeto prohibido del deseo. Hay que esperar aún, madurar, contener el amor, para entregarlo sagradamente a la mujer u hombre que lo recibirá como el más grande de los regalos. El amor al otro, al polo, a la pareja.

El amor al hijo es la etapa siguiente del tren del amor. En ésta, el dar es implacable, no acepta negociaciones.

Esta trayectoria que parece ilusoria, es real y posible.

Existen diferentes formas de amor. Una, a la madre; otra, a la pareja. Con la pareja el amor se comparte. Los sueños que se viven entre dos se convierten en los recuerdos más bellos. La soledad es un jardín en el cual el alma se seca, y las flores que crecen no tienen perfume.

El amor tiene un sabor maravilloso, hay que dar para recibir y hay que ser uno mismo para poder amar. Fiándose del instinto, siendo fiel a la conciencia y a las emociones, y vivir la vida, porque por lo pronto sólo hay una. Como adultos se es responsable de uno mismo y de los que amas. Amar implica ser digno, mantener esa mirada que une al contemplar un amanecer, al revisar los rosales, al delinear a la luna, al aprender el perfume de las flores, al escuchar los ruidos de una casa para comprenderla. Pero sobre todo, amar es saber mirar al otro sin perderse a sí mismo. Desde el centro del alma, escuchar y ver la necesidad profunda del otro sin sentir pérdida. El amor es muy simple, lo difícil es impedir que la amargura de las separaciones le reste poder a los momentos milagrosos.

Por miedo dejamos que la vida se nos escurra entre los pies. Miedo de traicionar, miedo de perder, miedo de no ser amado, miedo de no recuperar lo habido, miedo de ser culpable. Pero el amor es justamente una invitación a la dignidad humana para romper la cobardía, romper cada miedo, cada coraza que va liberando el amor sin esquemas ni estructuras.

Limitamos nuestra capacidad de amar por miedo. El miedo es el polo opuesto del amor. Tenemos miedo de sentir el dolor de nuestras separaciones, de cerrar asuntos del pasado porque creemos que manteniéndolos vivos estamos acompañados.

Por miedo quedamos atrapados en el dolor más profundo: convertidos en extraños de nosotros mismos.

La alternativa es vencer el miedo.

Testimonio
Juana. 28 años. Química

Juana pidió ayuda. Le pregunté su nombre y contestó "Patricia". Tenía antecedentes de esquizofrenia. Manifestó tener un malestar interno muy agudo. Sentía mucho dolor porque estaba segura de que su marido la engañaba, pero entre más lo decía, más la calificaban de loca. Ella realmente se estaba volviendo loca. Veía y sentía la realidad pero todos la negaban, incluso cuando se hizo evidente, su padre le dijo al yerno: "Yo te voy a enseñar cómo se hacen las cosas. Está bien tener una amante pero hay que hacerlo bien". Existía una conexión entre su marido y su padre.

Ella necesitaba un hombre que pareciera bueno, pero que se pudiera convertir en malo, y él, una mujer que pareciera mala, pero que se convirtiera en buena. En abrazos de pareja Juana se fue fortaleciendo, pues aprendía a creer en sus percepciones. Su cuerpo le indicaba que eran correctas. Pero algo más le atormentaba. Pensar en perder al marido o separarse de él la angustiaba hasta el punto de perder la razón. Sentir la posibilidad de que la ropa de su marido no estuviera en el ropero o ver la cama vacía la llevaba a una angustia conectada con la pérdida de la madre, que había muerto cuando tenía tres años. Era tal el dolor y la angustia que prefería perderse en el límite entre la realidad y la fantasía.

Los abrazos le dieron poder para llevar a cabo el duelo con la madre. Hizo una constelación. En ella se evidenció el cariño especial por el padre. Siguió un abrazo con él.

Ella tenía una imagen muy especial del papá. ¿A quién alimentaba con esa imagen, a la mamá, al papá, a la pareja o al hijo? A todos.

Entre más idolatraba al padre, más se perdía en la ilusión.

El proceso del abrazo con su papá, reflejó muchísimo de su relación de pareja. El padre cumplía con el rol de padre y madre, estaba también ubicado en un lugar que no le correspondía, tratando de lidiar con la culpa de haber matado de dolor a la esposa con sus infidelidades. Cuando se miraron a los ojos, ella pudo ver a su padre como un hombre común. Cuando vio a su padre como padre, pudo ubicar a su esposo de una manera más real. Descubrió también la naturaleza humana del padre, del cual se había asido para no sentir tanto miedo. Aun descubriéndole su otro lado, negativo, que lo hace más humano, lo sigue amando. Nunca se deja de amar a los padres.

Encontró que el papá, quien había sido "a toda madre",[26] al querer ser papá y mamá a la vez, no era tan bueno como parecía.

La imagen idealizada del padre no sólo quedó atrás, sino que se rompió porque estuvo ausente durante todo el abrazo.

Era muy grande la necesidad del padre de no quedarse solo y no tocar su culpa que alimentaba la idolatría de la hija para sentirse fuerte y menos culpable. En el nivel inconsciente, él y ella se mantenían unidos. El discurso verbal era opuesto al corporal. Esto permitió un movimiento interesante, al permitirle a Pati ver la realidad, que quedó registrada a través del abrazo en su memoria corporal.

Durante el abrazo, Patricia afirmaba que su mamá estaba presente. Le pedí al padre regresarla a la realidad diciéndole que mamá había muerto hacía muchos años. Fue así como ambos aceptaron su muerte. Él su culpa y ella su dolor.

Abiertamente y por primera vez, reportó que tenía dos nombres: Patricia y Juana. Suleika le preguntó quién era aquí: la real o la ficticia, y ella contestó "aquí soy la real". "Soy Juana, la que perdió a su madre, se simbiotizó con el padre y se separó de él a través del marido. Es la que llora su realidad."

Pudo agradecerle a su esposo que la liberara de su cadena.

Los problemas en las parejas surgen por no compartirse. Se dejan llevar por el otro creyendo que así aseguran su presencia. Sólo lo atan, lo hacen indispensable...

Desde esta perspectiva, el encuentro se distorsiona y más que hacer el amor se hace la guerra. La pregunta que se plantea

---

[26] La expresión irónica quiere mostrar la exagerada tendencia del padre que desea sustituir a la madre, así como el peligro que ello conlleva.

el hombre y la mujer es: "¿Viene a mí para ser amado o viene a mí para matarme?" Las palabras de amor se tornan cianuro.

Suleika quería tener una pareja exitosa. Para ella significaba compartirse y renunciar ambos a ser dirigidos por el otro. Renunciar a ser el líder del otro, renunciar a cargarlo y renunciar a ser cargada. Donde no hubiera ni bueno, ni malo. Suleika le repetía a Jerónimo, Jerónimo le repetía a Suleika:

> *No quiero ser tu líder, no quiero ser tu jefe, no quiero ser tu dueño, no quiero ser tu madre, sólo quiero ser tu pareja y compartirme, sin perderme.*
>
> *No puedo darte nada que no tengas. Date cuenta, mira lo que hay en ti, no hay carencia, lo tienes todo. No arrebates en mí lo que tienes en ti. Déjame respirar, también hay aire para ti.*
>
> *Lo único que puedo darte es mi sexo. Sexo energético y sexo físico. Te entrego la posibilidad de que juntos continuemos con la vida.*

Te reto a ti, con la intensidad de un abrazo: es posible vencer el miedo. Gritaba con la mirada a quien se encontraba.

Plan evolutivo

A través de la pareja cumplimos el plan de la evolución

El plan de la evolución, la razón por la que estamos aquí, coinciden los pensadores de todos los tiempos, es llegar a la unión, a la reunión de las conciencias individuales.

La vinculación propone el reencuentro desde el contacto directo, desde el encuentro cuerpo a cuerpo. No desde la intelectualidad o la unión de ideas abstractas, tampoco desde un Dios intangible. Sólo este encuentro real, corporal, puede ofrecer las condiciones necesarias para el surgimiento de la unión y la unidad interna.

Suleika pidió su café como todas las mañanas. El dueño acercó su silla para acompañarla.

—Y esos ojos tristes—, preguntó.

—¿Cuáles? Yo no puedo estar triste, tengo marido, hijos a los que adoro, un trabajo maravilloso, una casa, sueños... ¿y qué?, tú nunca estás triste?

—Trato de disfrutar.

—Y lo has logrado.

—Por lo menos lo he intentado.

—¿Desde cuando?

—Siempre. No quiero lastimar a nadie y trato de ser lo más fiel a mí mismo.

Y ella, como si de pronto nada tuviera sentido, perdió la compostura y comenzó a llorar y con sus lágrimas, fluyeron todos esos años en los que había reprimido el disfrute por miedo a perder. Perder la imagen, el amor, el respeto...

—*Bueno, me voy.*

—*No, no, quédate.*

—*Si yo disfruto, tengo que renunciar al hombre que amo y a mis hijos.*

—*¿Quién te dijo eso?*

Entre más te acercas a tu esencia que es amor-placer, plenitud-armonía, más cerca estarás de tu familia.

La pregunta siguiente era: ¿Cómo se hacía aquello? ¿Cómo se acercaba uno a su esencia sin perder, no al otro, sino al equilibrio entre el yo y el otro? Y éstas fueron sus siguientes conversaciones por correo electrónico...

ELLA

No recuerdo que nadie me haya dicho que vivir era estar separado. Desde antes de nacer, sin embargo, preparándome para la separación del útero, parece que hubiere quedado sellado en mi memoria corporal ese mandato.

Todo se nos muestra separado, y parece que el crecimiento sólo se logra en la separación.

Aprender a separarnos de nuestros padres, nos invita tramposamente a meter todo al mismo costal y separarnos de la madre tierra, de nuestras necesidades y lo que es peor, de nosotros mismos, de nuestra esencia.

Placer, amor, libertad, potencial creativo, abundancia, paz, armonía y unidad, nuestra esencia.

De pronto, cuando la contradicción se hace extrema, cuando la separación ya no es vida sino muerte, cuando es hora de cambiar el lema aparece el otro, esa cara ajena, abierta, que nos refleja y que tan sólo con una mirada, un café y una frase, hace evidente lo absurdo que es nuestro pensamiento. Se destapa el deseo, deseo de placer y deseo de volar. Encuentra su salida en unas lágrimas ansiosas de realidad. Busco rápidamente una solución a la ambivalencia y la respuesta también es sinónimo de separación: tengo que renunciar, separarme de lo que tengo. Y se repite nuevamente la ilusión. Queriéndome atrapar, la tendré que retar. Y la puerta de la realidad empieza a definirse: entre menor separación con tu esencia, menor separación con el otro.

La necesidad se hace símbolo, el miedo se hace intenso. Atrapados en la contradicción de querer volar y el miedo de olvidar.

Las tradiciones de las generaciones muertas golpean como una pesadilla el cerebro de los vivos.

ÉL

Logro vanamente entender el conflicto interno que denotan tus palabras... y en realidad me da mucho gusto. Las contradicciones son a mi entender la base de cualquier desarrollo, además de la constancia de estar vivo. Nos hemos debatido por múltiples opciones en demarcar y normar la existencia y nos hemos llenado de reglas, deberes ser, acuerdos inamovibles y de un montón de cosas que no ayudan para nada a ser mejores personas. La polaridad de los sentimientos no es más que un fantasma que hemos cuidado y alimentado para que nos asuste cuando mejor queremos estar.

Si no somos capaces de ampliar el horizonte a aquello que sentimos, estamos haciendo una dictadura de nuestra vida y suele suceder que el alma se rebele en cualquier momento y surgen así las revoluciones. Mi sugerencia, mi amada, es que instaure lo antes posible una democracia en su corazón y sea feliz por encima de todas las cosas, destierre la culpa y libere las palomas de su ser.

¿Dónde andas?

ELLA

Aquí estoy, debatiéndome entre el placer y el estrés...

Una mañana me juro a mí misma que no volveré a hacer nada que no quiero, y paso el día clavada en el arco iris, dándole de comer a mis pericos sin jaula con las semillas en la mano, haciendo el amor todo el día, con la mirada con la palabra con la piel con el oído y con todo el cuerpo a todo aquel y aquella que me encuentro, y a la otra me veo atrapada en una dinámica que me desquicia y me exige rendición; se desbordó el caño, hay que correr por el plomero, los niños vieron el fantasma del vecino y hay que pedirle ayuda a la bruja de la esquina, se acabó la tinta de la impresora y la computadora está caprichosa y tendré que ir al Internet para mandar la carta de admisión.

He despertado a medianoche, con la contradicción en explosión y ya no me queda más que gritarle a dios que no se valen tantas ¿¿?¡)(¡¿""%:;. Para rematar, conocí en la boda de Pablo a una pareja, que se besaron a los 14, cada quien se casó con alguna persona de su religión, vencieron las contradicciones ignorando sus necesidades, tuvieron a sus hijos, a los que educaron cada quien en las normas que les fueron señaladas y después de 20 años de matrimonio sobreviene un divorcio, y esta pareja se reencuentra con la conciencia tranquila de haber cumplido y ahora finalmente pueden amarse.

Ya tienen al fin ese derecho. Ellos se lo dieron después de 20 años, cuántos nunca... Cuando se reencontraron sólo se miraron, hablaron de todas las heridas que atravesaron el uno sin el otro. Al año se dieron el primer beso del reencuentro, necesitaron un año para llenar los 35 que no estuvieron juntos. Era precisa la transición.

Sí, ya sé, enojarme contra el creador de este plan es un recurso limitado y quizá el último para enfrentar la realidad; todo estará indefinidamente polarizado, hasta que no lo una dentro de mí. Pero ¿y mientras?... eterna transición de ilusión. Vivo ambos con una intensidad que se me sale en espiral...

Por un lado la niña que sólo quiere amar y que no tolera frustraciones, y por otro la mujer que piensa en el otro, que da, pero que reprime para no perder el control, para funcionar como se debe.

Y bueno, me encantó leerme amada. Cuéntame más, alimenta otro tanto mi ego, a ver si así de una buena vez aprendo a dejarlo a un lado. ¿Cómo es que me puedes amar? Aunque adivino la respuesta, me quemo por oírla con tus palabras. Una vez más abriste la llave de mi río vital con tus palabras certeras y sugerencias adorables.

También tengo curiosidad por saber cómo regulas tu libertad con los sentimientos de los que te rodean, porque no creo que tu mujer no haya sentido nada... me lo cuentas, por favor.

ÉL

La libertad es un derecho que hemos perdido para asegurar nuestra pertenencia, es importante dejarnos la posibilidad de seguir vivos. No hay fórmula alguna para regular la vida. Has de vivirla como todo mundo, tomando de aquí y de allá. Dame una sola razón para no amarte y tal vez me convenzo.

ELLA

¿Por qué respuestas tan vagas? ¿Te escondes detrás de tus ideas de libertad? ¿Por qué no me hablas de cómo regulas tus ideas con tu vida cotidiana? Yo sé que no hay fórmulas en general, verdades en general, pero yo pregunto por la tuya, tu fórmula, tu verdad, única e irrepetible, y más concretamente, aterrizadamente: ¿Cómo aplicas tus ideas en tu vida cotidiana? Cuéntame cómo las vives, cómo las defiendes, cómo las discutes, cómo las asumes, cómo las enarbolas. No me hagas creer que son tan sólo ideas huecas, que vuelan por ahí y me compartes a mí.

No tengo ni una razón válida para no ser amada; al contrario, creo que como todos los seres de este mundo tengo todo para ser amada: pero sobre todo me amo a mí misma profundamente. Amo cada parte de mí, cada lunar, cada arruga, cada año, cada histo-

ria de mi historia, cada herida, cada logro, cada caída y levanta-
da, amo mi ternura y mi crueldad, amo mi capacidad de herir,
amo mis culpas e inocencias, hasta amo mi odio por mí misma
cuando toca. No, no tengo ni una razón para no ser amada. Sólo
pregunto como es que tú puedes amarme. ¿Qué a ti te hace amarme, que ves de ti en mí, qué es eso…?

No quiero pensar que tu libertad de amar es sólo una forma de
huir de ti. No lo quiero pensar, porque a mí me tocaste una fibra
muy profunda… y soy necia, quiero conocer al hombre, quiero conocer al que una vez quiso robarme un beso y despertó mi miedo
a enfrentar mi necesidad, es a él al que quiero conocer…

ELLA

Se acabaron los envíos de correos. Suleika contó para sí el des-
enlace.

Él nunca contestó. ¿Cómo enfrentar que hablaba de libertad
pero nunca le dijo a su esposa que tenían estas conversaciones?
Ganó la necesidad de permanecer inocente a la libertad del ser interior.

La que contestó fue su esposa, que recibió por error el último
mail…

Las conversaciones profundas que nacían de la necesidad de la
que nadie se atrevía a hablar se suspendieron por la mentira. El
entusiasmo de Suleika por hablar y ser comprendida desapareció.
Se reinstauró el orden y el deber ser, y también la tristeza. Después
de esto, nuevamente la disyuntiva: seguía creyendo en la posibilidad de atender la necesidad o se rendía ante la nueva evidencia.
Sus pensamientos de separación querían reinstaurarse: las palabras
se las lleva el viento cuando se enfrentan con la realidad; Suleika,
desiste: lo que propones no existe; la gente nunca será congruen-
te con lo que es, porque es demasiado arriesgado, hay que ser muy
responsable y eso déjenselo a los que no quieren ser felices.

No se rindió: Sí, es posible. Sí. Como un adulto responsable y que arriesga la pertenencia y muestra de frente que no siempre se puede ser inocente, encontrará una pertenencia mucho mayor: la unidad absoluta que emana del fluir del amor.

Se dio cuenta de que no era afuera, era en ella, con su pareja, donde debía resolverse esa contradicción. Su necesidad era real, tenía derecho a satisfacerla, sólo había que reconocerla, acercarse al hombre que había estado a su lado, y decirle en silencio: Soy un alma libre que puede instaurar la democracia en su corazón sin necesidad de mentir, ni de engañar, ni de separarse.

Tengo el derecho de ser feliz aunque sea demasiado para ti y renuncies a mí.

Suleika le pidió un abrazo a su marido. Esto fue lo que sucedió.

Él la abrazó con ternura y delicadeza como siempre que se acercaba a ella. Enseguida sintió su pecho quebrarse en mil pedazos. Su cuerpo dividido entre el placer y el dolor. Ella estaba tan cansada que no pudo resistirse. El dolor la atrapó. Su cuerpo se convirtió en un campo de batalla, árido, violado, sangrante y desolado. Sintió las miles de heridas abiertas de su larga historia fluyendo de generación en generación. Escuchó el llanto desgarrado de los niños sin padres, el hambre lacerando sus entrañas, el miedo castañeando en sus oídos. Y ella dijo: Esto no es miedo, es terror.

Su esposo la invitó a pasear con él en sus campos verdes y floreados, donde volaban organizadas las abejas, prestas a darle al mundo su miel.

Y ella al fin le dijo: No, espera, mi campo desolado también es vida. Estoy escuchando su latido. Cuando quieras puedes venir a él. Serás mi invitado especial.

Había dejado de pelearse con su historia. Había dejado a la víctima luchadora del pasado. Escuchó la voz del alma abrazando a los muertos, a las víctimas y a los perpetradores. Asintió en silencio y pasó por encima de su destino y de los destinos de otros y se perdió a lo lejos donde todo se une, como el mar que se une en el horizonte con el cielo. En ese momento, sintió el calor del cuerpo de su hombre. Lo miró a los ojos y se fundió con él.

Qué extraño plan de vida, pensó.

El sentido evolutivo de la relación de pareja

La atracción hacia la intimidad desemboca en el callejón sin salida del ser. Encuentra el ojo de la cerradura del alma.

El otro es el único puente hacia la esencia. Se requiere aceptar y tener la conciencia de la necesidad del otro, de la búsqueda y anhelo del placer para no salir huyendo. Satisfacer las necesidades del cuerpo es el movimiento hacia el alma. El otro dice lo que no se puede ver, lo que no se quiere escuchar, negado por el dolor.

Darle un nuevo sentido a la relación de pareja es el primer paso hacia el amor.

Aunque no lo sepamos, nuestro instinto evolutivo y de sobrevivencia nos dirige hacia un tipo de relación en particular para liberar los fantasmas del inconsciente. Siempre hay un "para qué" de la relación de pareja que responde a una necesidad inconsciente.

La relación de pareja ayuda a descubrir ese sentido y, esclarecido, abre una nueva puerta hacia una decisión más consciente y libre: continuar o separarse.

Desde este lugar, ya no en la posición de la víctima del destino sino inmerso en un movimiento de crecimiento, se puede dar gracias a la relación en vez de juzgarla y negarla. Esta actitud permite seguir o terminar bien. Cerrar cabos sueltos que de no hacerlo, continúan ejerciendo su efecto en los niños o en las parejas posteriores, negando aún más la posibilidad de amar. Negar la riqueza de la relación le da rienda suelta al dolor. El dolor suele tener más memoria que la felicidad. La actitud consciente invita a recordar la felicidad de los momentos compartidos, la primera sonrisa, el primer beso, la primera caricia, y revivir la memoria corporal del placer.

Darle un nuevo sentido a la relación permite anclarse en lo positivo. Lo positivo libera. Lo negativo deja agujeros que jalan hacia el pasado y encadenan los pies deteniendo el paso hacia el futuro.

Jalados hacia el pasado, hacia los agujeros de nuestro niño interior. Las actitudes manifestadas en la pareja que impiden el amor y que generan problemas y conflictos son más del niño que del adulto. Pertenecen a nuestro niño interior.[27]

Proyectamos en la pareja lo que no le corresponde a él o ella. Reflejamos a las figuras de nuestros padres tratando de llenar los vacíos. No vemos al objeto de nuestro amor, sino al objeto de nuestro dolor. Creemos estar enojados con la pareja cuando sólo liberamos el enojo hacia el padre o ancestro sin posibilidad de solución. Lo que hace del enojo una realidad permanente. Existen proyecciones aún más complicadas y difíciles de desenredar. Suelen tener relación con sentimientos de otros, transferidos a distintas figuras, o con personas de dos o tres generaciones anteriores que no pudieron cerrar un asunto, de modo que las nuevas generaciones se hacen cargo de ellos. Los siguientes ejemplos pueden explicarlo mejor.

---

27 Eric Berne, *Análisis transaccional en la psicoterapia*, Psique, Buenos Aires, John Bradshsaw, *Volver a la niñez*, Editorial Selector, México, 14a. reimp. 1999, p. 294.

Testimonio
Galatea. 26 años. Periodista

En el primer caso el papá tiene una amante y la hija ve que su mamá los atiende en silencio y sin malos modos. La madre está enojada pero no lo dice por miedo a perder definitivamente al marido. La hija toma el enojo de la madre como suyo, pero en lugar de ir con el padre, por miedo a perderlo, lo descarga en su pareja. La pareja recibe lo que no le corresponde y permite este amor desviado.

En el segundo caso, un exiliado del genocidio armenio se casa sin amor con una mujer de su misma raza y religión. Al tener a sus hijos, la mujer les entrega todo su amor a la vez que son separados de ella e internados en escuelas religiosas.

Tres generaciones después, la bisnieta, por amor y en aras de alcanzar el equilibrio, intenta abandonar al marido renunciando a sus hijos.

La relación de pareja es una invitación a revisar la historia de amor de la familia, descubrir las piedras en el río que impiden que fluya la energía femenina y la masculina, rendidas al amor.

Hay demasiado trabajo que realizar en la pareja de por sí como para arrastrar las carencias amorosas de los muertos.

La relación de pareja nos permite ver lo que corresponde al presente y lo que atañe al pasado. Nos dice lo que se puede resolver y lo que no. Si escuchamos el alma que habla a través del cuerpo, se concentran energía y esfuerzos en el presente, donde sí se puede lograr una transformación. Pero la voz del alma es un susurro, hay que prestar mucha atención al cuerpo y sobre todo acercarse físicamente al otro, no dejar ni un espacio libre por donde se nos pueda escapar la señal.

La pareja es tan rica que permite integrar nuevos hábitos y actitudes.

Es un camino de crecimiento, es la universidad de la vida, su laboratorio y su altar.

Con este nuevo sentido, se ve lo que es. Culpar al otro se convierte en un sinsentido. Es inminente la reconciliación personal. Le sigue la rendición ante la vida.

Rendirse a la vida

En el encuentro de los cuerpos se manifiesta la vida, el tú o yo se convierte en un tú y yo.

La relación de pareja significa la vida desarrollada en plenitud. Es la imagen y la vivencia que tenemos de la felicidad y hacia ese encuentro se desarrolla nuestro todo (sexo, hijos, seguir con la vida). Es el anhelo, el objetivo de todo desarrollo; sólo con pareja se tiene la posibilidad de seguir con la vida. La relación de pareja está movida por el instinto, no por la razón. Se trata de una tarea para lograr una nueva obra de arte compartida.

La relación de pareja es el umbral para pasar a la vida adulta. Realizarse plenamente en pareja significa:

- Dejar la infancia. Dejar de esperar.
- Crecer. Hacerse cargo de uno mismo. Darse lo que se necesita.
- Asentir a la vida desde el corazón. Decirle "sí", acepto la vida en mí.
- Olvidar el pasado y mirar hacia el futuro.
- Renunciar al sistema familiar de origen para crear uno nuevo.

Qué difícil es crecer. El miedo tiene buenas estrategias que invitan a desistir.

Somos especialistas en elaborar mecanismos a través de los cuales seguimos manteniendo viva la carencia: nuestro discurso que enarbola la pérdida, que pone los problemas como trofeos o únicos galardones dignos de vida, nuestros comportamientos en los cuales manifestamos desconfianza y miedo y donde la única respuesta que cabe es la defensa. Defendernos del otro en todo, de su agresión y de su amor.

Suleika optó por la huida para sobrevivir. Para que no duela, se desconecta. Para no sentir miedo, se congela. No da para que no reclamen, no siente para que no duela, no se compromete para no perder. Siempre con la esperanza de salir de este mal momento muy pronto y sin rasguños. Como si eso garantizara no sufrir… Lo que teme sucede de igual forma, pero sin disfrutar de lleno nada. La mejor arma y compañera es la huida, el escape, la soledad. ¿Cuánto tiempo seguirá huyendo? ¿Aún tiene que escapar de sus heridas? ¿No será momento de verlas de frente y liberarse del fantasma del miedo y del dolor? Ha vivido con ellas hasta hoy. ¿Será el momento de mirar atrás y revisar lo que ayer no podía hacer?

En los mecanismos de defensa podemos identificar el dolor que encierran y protegen. Ponen en evidencia lo que nos falta e indican el camino para recuperar lo olvidado, nuestra sabiduría, nuestro poder creador y nuestra capacidad de amar.

El amor, el poder y la sabiduría no se compran, no se adquieren, no son ajenos ni separados del hombre. Son condiciones, características inherentes a la condición humana que claman por ser reconocidas desde el interior.

Es el alma escuchada que se manifiesta con una actitud que se alinea con los propósitos de la vida: correr como aguas cristalinas en un cauce que le da rumbo, forma y contención, confiando en su propio movimiento, fluyendo en él y avanzando en su propia belleza.

A estas alturas, Suleika había perdido toda lógica. Sus apuntes se mezclaban con su proceso y con los testimonios de sus clientes. Ya no había manera de separarlos. Estaban tan unidos que resultaba difícil distinguir dónde acababa uno y empezaba el otro. Lo más importante era amar.

Metodología para amar

Primer paso. Realizar abrazos.

El dolor atrapado en un abrazo queda encerrado en sí mismo. No tiene posibilidad de expandirse, de diluirse, de perderse en el inconsciente y aparecer varias generaciones después.

El dolor atrapado revienta en los brazos del amor. La botella del dolor estalla, contenida en mil pedazos por el miedo y vierte de golpe su veneno. Un instante frente a años de lento y pausado goteo de odio y miedo.

Sorprendido, se libera. Ya hay lugar para el amor.

El abrazo abre la posibilidad de amar al darle sentido al dolor.

Descubre al otro tal como es y no en función de lo que se espera de él. Explora las facetas del corazón humano y ubica las trampas que se pone. Descubre las necesidades de ambos, ya que estar en pareja no significa dejar de ser persona y necesitar de manera individual.

Entiende el proceso natural de la pareja que transita por la fase del enamoramiento hacia la fase del amor. Convierte la vinculación en una forma de vivir.

Segundo paso. Con abrazos, tomar conciencia de nuestra unidad y de nuestro potencial. Reencontrar lo olvidado. Nunca hemos estado separados aunque todo parece indicar lo contrario.

El alma es la encargada de guiar en el camino apoyándose en el cuerpo, el cual le abre paso.

En el encuentro de las parejas, en esa relación, en ese espacio único que ofrece la vida, el alma tiene la posibilidad de avizorar el futuro, evocar viejos recuerdos, sentir la más fuerte de las emociones y luchar constantemente entre la individualidad y la unión.[28]

Tercer paso. Liberar el sexo con abrazos y sexo.

"En el centro está el sexo, en ese encuentro profundo de los cuerpos en donde se encuentran las almas."

Es en el sexo, beso-entrega, que se tocan las almas. En el sexo encontramos la unidad con el otro, con el todo y donde explota la vida. En el sexo se encarna el misterio del alma. En su búsqueda y en la esperanza de alcanzarlo se despiertan los sentidos y tenemos el valor de abrir los ojos al nuevo día. En su anhelo se soporta todo. Por él se está dispuesto hasta morir, y a sufrir el aguijón del desprecio, a perderlo todo y a quedar atrapado en su prisión.

Está en el centro. Es divino. La vida requiere más de sexo que de amor. Con el amor sin sexo no se genera vida. Con sexo sin amor, sí. También es en el sexo donde más heridas se clavan. Lastimar el sexo es lastimar la vida, es ofenderla y negarla.

Hoy más que nunca es preciso ver al sexo con los ojos del alma. No hacerlo impide la liberación de los traumas, los usos erróneos del amor, e invita a seguir con la cadena de los abusos.

Suleika recordó sus heridas. Apenas podía creer que hasta hace unos años aún sangraban. Recordó los años de frigidez y todas las veces que sintió asco y dolor. Recordó la paciencia de su hombre, que no tomaba como personales sus desprecios. Sintió su sexo vivo, latir, moverse. Se entregó y le pidió a su alma que se rindiera con ella al alma universal, al espíritu infinito que todo lo puede y todo

---

[28] Eduardo H. Grecco *Sexualidad, erotismo y vínculos del amor*, AyM Grafics, Barcelona, 2001.

do lo une. Miró a su marido a los ojos, vio su alma y juntos se encontraron y se perdieron...

El camino del abrazo hacia el amor consiste en una serie de tareas que no tienen un orden determinado porque hay que seguir el proceso, que es el movimiento del alma guiada por su necesidad.

En la observación de las parejas y en sus síntomas se encuentran plasmadas las separaciones, mientras en el interior se busca desesperadamente reencontrar lo que parece inexistente y que sin embargo es lo único real: la unidad.

En el orgasmo pleno del encuentro de las almas reside el único espacio en la tierra en el que se toca el cielo.

Suleika lo sabía.

Inevitable recorrer el
túnel oscuro del dolor

Suleika sabía que el requisito para poder llevar a cabo el proceso era tener el valor de enfrentarse a sí mismo, un paso similar a tener el valor de lanzarse al abismo. En ocasiones el valor venía porque ya no había opción, ya se estaba en la caída; el abismo no era opción, era realidad. En otras, se armaba uno de valor antes de ser empujado por la vida al abismo.

Enfrentar directamente la separación y el dolor reflejado en la pareja equivale a lanzarse al vacío. Es no huir para discernir lo que es.

Suleika encontró el testimonio de Susana, a la que había conocido muy joven. Separada de su familia para irse a trabajar a la ciudad, dejó de estudiar y hacía sus labores de trabajadora doméstica mecánicamente. Era una excelente trabajadora. A Suleika le resolvía sus problemas caseros y la alejaba de sus hijos. Leyéndolo recordó su propio camino.

Recordó también el día en que tuvo que tomar una decisión de separación. Suleika desde antes de nacer cuidaba a su madre, en un intento desesperado de hacerla feliz para que nunca se fuera de su lado. Ya adulta la seguía cuidando pero estaba llena de rabia. Su madre seguía mostrando que no era feliz. Todos sus intentos y sacrificios eran en balde. Llegó el momento de reconocer que no podía más. No sabía cómo marcar que ya no la cuidaría. Eran tantos años, tantas actitudes y pensamientos entremezclados, que sabía que no podría ocurrir de manera suave. En un abrazo, Suleika le dijo a su madre que ya no podía verla. Lo decía en sentido figurado pero su madre lo entendió literalmente. Se levantó y la dejó sola en el sillón. Sintió mucho miedo, y a la vez sabía que no habría marcha atrás. Sintió culpa, se sintió la peor de las hijas, pero no cedió. Se había lanzado al abismo. Podía perder definitivamente a su madre. Curiosamente sentía paz en su interior, su micrófono le indicaba que había hecho lo correcto. Pasaron largos meses sin hablarse. Un día su madre le llamó y le dijo:

Estoy orgullosa de ti. Veo cuánto te ocupaste de mí. Siento haber sido tan dura contigo, realmente no entendí. Fue muy agradable y cómodo tenerte a mi lado, ahora entiendo que quieras estar con tu marido y con tus hijos.

Sintió la mano de lo más grande en la cual había caído, sosteniéndola. Se había lanzado al abismo, se había arriesgado a perder, y ganó. Ganó confianza en ella y ganó confianza al descubrir que cualquier decisión, abre mil puertas más.

Testimonio
Lolita. 28 años. Trabajadora doméstica

Al inicio de mi proceso de vinculación todo era confusión para mí, sólo estaba ahí porque la vida había puesto en mi camino esta invitación. Era como si todo mi ser estuviera disperso y dividido en partes, con muchos sentimientos no reconocidos y vivencias excluidas, cualquier despertar de la memoria provocaba dolor que se apoderaba de mi cuerpo. Me tenía que relacionar con un cuerpo con movimiento completamente desconocido. Hasta ahora había estado congelado. Me daba terror voltear a ver qué había detrás de aquel abismo que me invitaba a dejar aquel cuerpo sin escuchar lo que me pedía a gritos, hasta que llegó el día en que, en mis hermanos, vi reflejado mi propio dolor, tristeza, miedo y todos aquellos sentimientos que no quería sentir; ellos lo manifestaban, así lo pude ver, lo tomé y lo sentí. Durante un tiempo sentí que me perdía en las tinieblas de los sentimientos oscuros, todo mi sistema familiar lo vivió junto conmigo; tiempo después me di cuenta de que aunque no lo quería reconocer, toda mi vida la había vivido en las tinieblas y yo creía, estaba convencida de que para mí eso era la vida. Esto fue así hasta que me sumergí en mis sentimientos, los reconocí, les di su lugar. Entonces fue cuando pude sentir un poquito de paz y ver el sol que habita realmente en la tierra.

Esto es el principio de mi vinculación, no sólo conmigo misma sino, también, con los demás. Al tapar el dolor en mi interior, crecía cada vez más, y cuando realmente me dejé llevar y me sumergí y me dejé envolver por él, llegó la calma y supe que por naturaleza hay noche y día.

Trataba Suleika de calmarse contándole a Hermes el proceso de la pareja en un intento de encontrar la luz al final de la oscuridad.

Abrazar lo peor, libera

Testimonio
Hermes. 38 años. Coronel de la Fuerza Aérea

Hermes era coronel de la Fuerza Aérea. En sus encuentros, Suleika se lo imaginaba con su uniforme al tiempo que notaba su vestir informal, mientras él acariciaba con una mano su muñeca, haciendo evidente que se había quitado el reloj. Se habían dado por tarea ayudarse para aprender a amarse a sí mismos, para lanzarse sin miedo a los brazos de su pareja.

Suleika sabía que en esa ocasión aprendería más que él. Tenía frente a ella a un hombre.

Con la estructura corporal lo suficientemente sólida para protegerse de la embestidas de la profesión y para enamorar y amar a cualquiera. Su hablar pausado, lleno de emociones, su mirada franca y directa indicaban que se había forjado desde su centro, obedeciendo con humildad cada orden del alma. No negaba sus sentimientos. ¿Qué tenía que abrazar este hombre que parecía tan completo?, se preguntaba Suleika. Él le contó su abrazo de pareja, en el que su esposa se quejaba de soledad, de que él no la protegía.

Suleika se sorprendió. Lo menos que parecía era un hombre débil, incapaz de sostener a su esposa.

Al llegar a casa se liberaba de todas las estructuras. Lo primero que se quitaba era el reloj. Tan acostumbrado a levantarse con el toque de las cinco de la mañana en la base militar. Parecía como si en casa renunciara a ser hombre.

Suleika lo acompañó en otro abrazo. La esposa de Hermes, esta vez reventó. Sus ausencias, liberaciones y falta de estructura en casa, la remitían directamente a la desaparición de su padre, al que amaba tanto y del que nunca más se supo. Ella era una niña cuando su madre se exilió en México, huyendo de la dictadura militar argentina de los años setenta.

Casarse con un coronel de la Fuerza Aérea, parecía una ironía del destino. Aunque era un traidor por renunciar a su servicio, por no poder soportar las arbitrariedades y los abusos de poder, era difícil no asociarlo con los vuelos de la muerte.[29] Pero Hermes era más honesto y sensible que cualquier militante de izquierda que ella conocía.

Ella exprimió su dolor en los brazos de Hermes. Parecía una pantera herida incapaz de salvar a su cachorro. Él, sin moverse, la contuvo con una suave fuerza silenciosa que Su-

---

[29] Las dictaduras militares argentina y chilena de los años setenta dejaron como saldo una gran cantidad de desaparecidos. Muchos de ellos fueron lanzados vivos al mar desde un avión, en los llamados "vuelos de la muerte".

leika rara vez había presenciado. Emanaba de él un amor infinito.

Lo que le restaba por abrazar, sin culpa, era al niño que se había hecho hombre. Él se sentía malo y egoísta por mantener a toda costa sus espacios íntimos sólo para él. Su mundo secreto, como lo llamaba, y que no quería compartir por miedo a perderlo. Su alma sólo quería amar libremente, sin ataduras, y desde siempre pensó que eso era malo.

Antes de despedirse, Suleika le preguntó: "Hermes, ¿cuál es tu secreto?"

"Me hago uno con la naturaleza, empiezo a correr y siento que ella y yo nos diluimos en un solo movimiento. El aire me envuelve, entra por mis poros y me lleno de una felicidad indescriptible. Una madrugada lluviosa salí al malecón, era el único demente corriendo en la tormenta. A lo lejos se perfiló una sombra. Me sorprendió que hubiera alguien más. Nos fuimos acercando. Era un hombre mayor, podría haber sido mi padre. Cuando estuvimos de frente, intercambiamos una mirada de complicidad, nos sonreímos y seguí corriendo, y ni la lluvia percibió mis lágrimas."

Suleika lloró con él y lo invitó a compartirle a su esposa su secreto. Era el secreto del alma más hermoso que jamás hubiera escuchado y que lo separaba de la mujer a la que amaba.

El siguiente abrazo de Hermes fue con su padre, y se libró de su madre.

Sentirse malo, sucio, tonto, feo y sin valor son las creencias base y distorsionadas que se registran en el niño y se convierten en la sombra que tan bien describió Karl Jung. Esa parte dolorosa que mandamos al baúl de los recuerdos, al inconsciente, y que determina en secreto la vida, toda la vida.

Transformar la percepción

La que tenemos de nosotros, del otro y de la vida en pareja, implica revisar las creencias que se forman por las heridas de la infancia. Le siguen a esas creencias los mitos de la relación en pareja que el miedo se encarga de alimentar. Éstos son algunos ejemplos, varían según las culturas y generaciones, que se convierten en los motores que separan.

- Ser una buena pareja es sinónimo de estar siempre bien.
- El egoísmo no cabe en la pareja.
- En una pareja feliz es necesario olvidarse de sí mismo.
- La pareja es para siempre. Tomada la decisión, es una obligación, no una aventura.
- Ya te casaste, ya te amolaste.
- En la pareja vas a encontrar lo que no tienes.
- El otro va a llenar tus necesidades.
- Todo tiene que seguir igual que siempre, que antes de…
- Es muy importante estar de acuerdo en todo.
- Lo que soy es lo mejor o lo peor, no hay mitades.
- El amor es sufrimiento.

Estos mitos y creencias se basan en un pensamiento dual que alimenta el miedo.

Pensar de manera dual es verse y ver al mundo separado, polarizado.

Los problemas en la pareja se plantean siempre desde una concepción dualista y separada de la vida. Implican pensar que se es bueno o malo. Grande o chico. Que hay luz u oscuridad.

Este pensamiento se genera al momento de nacer porque las experiencias de vida son de separación. Para nacer es preciso separarse de la madre. Del vientre que nutrió y cuidó. Vivir es entonces sinónimo de separación.

Cuando el bebé está en el vientre, vive como uno con la madre pues ve satisfechas todas sus necesidades, vive de una forma 100% placentera y eso equivale a vida.

Al nacer, pasa de la unión a la separación de la madre, lo que para un niño equivale a muerte, y éste es su dolor primario, su herida original.

Comienza la ambivalencia vida-muerte. Si vivo, me muero; si muero, vivo. Esto es demasiado complicado para la psique de un niño. Representa demasiado dolor. Para soportarlo anula uno de los dos polos. Si no se separa, muere, entonces integra la separación (muerte) como vida. La separación se manifiesta de igual manera al intentar satisfacer sus necesidades.

Ya que el niño anula los polos, para sentirse vivo busca la satisfacción total. Persigue lo que genere en él placer sin límites. Responde así a su estado dependiente, que implica una conciencia infantil, dual y separada.

Los padres no pueden satisfacer completamente todas sus necesidades, lo que provoca frustración en el niño y sentimientos de odio, ira, tristeza. Generalmente los padres le niegan estos sentimientos ("no llores, no hagas berrinches, no pasó nada"), pues a ellos les recuerda su propio dolor de separación y prefieren alejarse para no volverlo a sentir.

El niño, para no perder el amor de sus padres, reprime sus sentimientos y así crece formando defensas internas que se transforman en comportamientos para llamar la atención (hiperactividad, agresión, enojo).

Se crece cronológicamente pero la conciencia infantil (querer todo al 100%) no crece.

Se mantiene infantil mientras no se presente un proceso de concientización que le permita darse cuenta del dolor que genera ese pensamiento. Tendrá que cuestionar su pensamiento y soltar imágenes ilusorias, incompletas de las cosas, así como adquirir una percepción más real: bueno y malo. Sólo de este modo podrá ver la vida unificada tal como es en realidad; es decir, pasará de la conciencia infantil a la conciencia adulta.

Desde la perspectiva dual, los dos polos son irreconciliables, no pueden convivir, es uno u otro. El otro es un enemigo, un rival que impide alcanzar la felicidad. Ironía del destino... el que puede ayudar a crecer es en quien no se puede confiar.

La vida la podemos ver de dos formas: blanca o negra, dual o blanca y negra, unificada.

La dualidad es ver separación: uno u otro, hombre o mujer, blanco o negro. Eso es una ilusión.

La unificación consiste en ver como un todo: uno y otro, hombre y mujer, blanco y negro.

Ésa es la realidad.

La contradicción radica en que se busca la unidad toda la vida, en una familia, un grupo religioso o de ideales compartidos, una pareja, pero se piensa que ese encuentro es imposible al agregarle la "o".[30]

La unificación es vinculación. Se es uno con uno y con el otro. Desgraciadamente, el único momento en que esto se hace visible ocurre cuando dos personas se funden en un abrazo sin perderse a sí mismos. Implica hacer evidente la lucha secreta con el otro para trascender la separación.

---

[30] Dualidad y unidad, pp. 2 y 3. Explicado claramente en el método Pathwork de crecimiento y las conferencias dictadas por el "Guía" a Eva Pierrakos. Existen algunas de las recopilaciones de las conferencias en *Del miedo al amor y Vivir sin máscaras*, de Thesenga Susan, Editorial Pax México, México, 1995, cap. 1

Mientras Suleika le dice a Jerónimo que lo ama, hace todo para destruirlo y así sentirse viva.

Testimonio
Carolina. 31 años. Abogada

Carolina tiene dos hijos y está desesperada. Su marido se embriaga todas las noches y la golpea.

Hacen un abrazo. Entre más acusa a Víctor, más grande se hace él y más pequeña se siente ella. Suleika interrumpe. La obliga a decirle que necesita que él sea el malo para ella ser la buena. Que se siente mala y no lo soporta, se odia a sí misma. Carolina llora, Víctor llora, se encuentran, se besan. Ella le dice que es responsable tanto como él de lo que les pasa. Él la abraza con fuerza. Él se hace chico y ella crece. Están ahora en el mismo nivel. Carolina necesita deshacer su creencia, la imagen de maldad que adquirió con su madre; ya no es necesario que siga ocupando el lugar de víctima para sentirse buena. Carolina le pide un abrazo a su madre. Al nacer Carolina, el padre las abandonó.

Testimonio
Pareja. Ella, 28 años. Él, 32. Actores

En su abrazo de pareja no paraba la lucha. La mente negaba el cuerpo transido de dolor. Cada uno quería tener la razón. Suleika les pidió que observaran cómo se esforzaban por no encontrar solución. El cuerpo se relajó.

—Dense cuenta de cómo hacen para que no tenga solución, qué parte del cuerpo tensan, cómo lo exageran y cómo se sienten.

—La angustia aumentó.

—*Respiren profundo y luego vean de qué manera creen tener razón absoluta en el tema. Mientras no lo demuestren, la lucha no termina. Mírense a los ojos. ¿Qué ven? Amor. Pónganse en lugar del otro.*

Imaginen cómo se siente el otro ante su actitud guerrera y luego vayan a un lugar más central y vean si puede haber algo de razón, aunque sea un poquito. El cuerpo estaba totalmente relajado.

La tensión responde a un miedo mental que no existe.

Observen cómo se sienten y cómo su pensamiento es ahora objetivo. El enojo desapareció por completo.

Si detenemos la mente con el cuerpo en una situación difícil, en la que está presente la dualidad, el cuerpo invita a la realidad que es de 50/50.

Detrás del dolor y la dificultad, siempre hay un pensamiento dual.

Observar las frases y vocabulario común en nuestro lenguaje, y que tienen que ver con:

El modo en que ven a sus hijos.

El modo en que ven a su marido o esposa.

El modo en que se ven a sí mismos.

Es una buena manera de identificar la percepción dualista.

La condición del planeta es de dualidad. Si se lucha para que gane uno de los opuestos, el dolor se instala y muestra la falta de armonía.

Aceptar que todo se complementa es aceptar un equilibrio.

Si pedimos el máximo de la felicidad, no estamos en la realidad.

Cada experiencia y relación con los demás nos muestra que todo es 50/50. La vida es felicidad e infelicidad (los dos aspectos están presentes y son válidos). Si se pide 100 a la pareja, sólo puede dar 50. Y aunque sea lo normal, lo que se puede y lo que es, produce insatisfacción y se niega la felicidad.

Si se sabe que sólo hay 50, al recibirlo se siente el todo y la felicidad se recibe.

Tiene que ver con el pensamiento. El pensamiento tiene que ver con el dolor. El lenguaje es el sonido del pensamiento y éste afirma y ancla, determinando el comportamiento y la realidad.

Todos somos seres de ruptura, que unos estemos conscientes y otros no, no impide que estemos todos unidos en este mismo barco. Al asumirse como tal, momentáneamente, como ser separado, vivo por la escisión, vivo por la muerte misma que representa la separación y la ruptura, todas las sensaciones se exacerban a tal punto que parece dramatismo puro, como si se dirigiera una telenovela. Los demás juzgan el espectáculo, lo califican de ridículo o patético o, si acaso, de incomprensible. Se está al mismo tiempo y muy profundamente en la vida y en la muerte, en el pesimismo y en la vitalidad, en el contraste extremo, polaridad permanente. El dolor es el corazón de la alegría, el fondo del pozo del que sólo se puede ascender o morir y los miedos son sus latidos. Resulta inevitable tocar el polo del dolor. Mantenerse lejos de la locura es una muerte sobreviviente. Es estar muerto en vida.

Sí, definitivamente, aceptar la dualidad al extremo equivale a aceptar la irracionalidad de la vida que permite abrazarla aunque se permanezca en el filo de la muerte.

Antes de abrir definitivamente el canal de la vida, la madre grita muerte. El orgasmo, vida y unión pura, atemoriza como la muerte misma. Sólo con el valor de tocar ambos polos a la vez se encuentra la unidad absoluta y perfecta.

El ser humano entra en este plano impregnado de la dualidad vida-muerte. Cuando nace, siente la muerte en su separación del cuerpo de su madre. A partir de ahí el aprendizaje consistirá en vivir experiencias de separación. Depresiones de la madre, incubadoras, entrada a la escuela, etcétera. De una u otra forma nadie se salva, pues aquí este plano está diseñado para experimentar la se-

paración en la que seguimos creyendo. Cada una de ellas se inscri-be en su cuerpo como heridas que le muestran cada vez con más intensidad que lo único que existe es dolor y separación. El dolor es demasiado agudo, por lo que hay que taparlo para poder sobre-vivir. Hasta la vida adulta sus mecanismos de defensa lo sosten-drán, hasta que adquiera independencia y fortaleza física. Pero emocionalmente sigue herido. Nuevas y mayores crisis en la vida adulta —como separaciones del ser amado, la pérdida de un hijo, la separación del país de origen, guerras, etcétera— lo confrontan a nuevas separaciones que ahora los mecanismos ya no sostienen. Aquí empieza el camino de regreso a casa, el camino al reencuen-tro de lo olvidado, el camino al reencuentro de la unión y del amor.

Para lograr todo se pide revalorar nuestra condición de ser so-cial, construido a través del otro, reconocido a través del otro y cre-cido con otros. Con el otro se tiene la fuerza de seguir adelante, manteniendo la esperanza de un nuevo amanecer.

Infinidad de veces Suleika escuchó en consulta frases como: si no fuera por mis hijos... si no fuera por el amor que le tengo a mi esposa... Frases utilizadas como la razón para caminar en senderos que nos atemorizan y que no quisiéramos por nada en el mundo conocer.

Los vínculos con nuestros seres más cercanos —padre, ma-dre, pareja, hermanos e hijos— traen en sí contenidos de creci-miento.

Atravesar la dualidad lleva a la unidad, a saber que al abra-zar la sombra, el lado oscuro del ser, le damos lugar a cada sen-timiento y emoción, con el derecho a formar parte del grupo en el que nacimos, ya sea familia, país, religión; entonces exis-te la libertad de abrazar la sombra sin sentir separación.

En su proceso, al ver en sus hermanos reflejados sus propios sen-timientos y sus partes excluidas, Suleika se dio la oportunidad de abrazarlas, aceptarlas y reconocerlas. Entonces observó que tam-

bién los sistemas tienen un alma propia, que es ella la que nos hace ser parte y ser totalmente iguales, nos lleva a reconocernos unos a otros. Al unir las fuerzas de cada alma, Suleika sintió la unión en un solo espíritu y cómo la fuerza del espíritu es la fuerza del sistema, cuando se vinculan unos a otros. Al abrazar la luz y la sombra apreció la perfección de su sistema y lo adecuado que era para ella, para desarrollarse, para descubrir que la fuerza está en la unión, y que alguien más grande que ella necesitaba de su historia y de su grupo.

Cuando nuestras relaciones duelen, pensamos que somos culpables o que el otro es culpable. No tomarse todo como personal y descodificar los mensajes es necesario.

Testimonio
Ivonne. 34 años. Secretaria

Ivonne escribió este mensaje a su hermano Rolando: ¡Qué gusto recibir tu correo, Roly...!, mayor gusto saber y sentir que te encuentras bien después de la difícil experiencia. Quizá, ahora me toca a mí, me enteré que Alfonso tiene una hija de tres meses. Estoy sacada de onda, pero dispuesta a recibir la enseñanza de la vida: él insiste en que es a mí a quien quiere y me dio una serie de razones y circunstancias por las cuales pasó lo que pasó y debo reconocer que mi actitud pudo haberlo provocado, en parte, y eso duele. Es duro aceptar que hemos estado incomprendiendo a la vida, manteniendo la idea de la igualdad masculina y femenina por encima de la propia naturaleza, negando las necesidades propias y ajenas; he sido muy ORGULLOSA y no puedo ni debo arrepentirme de ello, pues es lo que me ha mantenido de pie y permitido sobrevivir. Ha sido mi mecanismo de defensa más constante y definido. Pero no supe distinguir el tiempo en que ese mecanismo dejó de ser aplicable, y me rebasó, al grado de divagar entre la SOBERBIA y la OMNIPOTENCIA; ahora tengo frente a mí las consecuencias de ello. Me aferré a la idea de que se debe crear vida sólo cuando se cuente con las condiciones básicas para recibirla y, sin embargo, se concebía tan cerca de mí. Qué lástima la ironía con que el destino te aplica.

Sé que la decisión que tomé (he tomado tantas y aún no me acostumbro; no me gusta, es lo que más me angustia), determinará el grado de enseñanza y humildad que la experiencia haya dejado en mí. Aún no sé qué hacer, lo único que quisiera es que, independientemente de ello, ustedes estén conmigo. Lo único que sé es que ya no quiero sentirme sola. Estoy perdiendo las fuerzas y la sensación no me agrada porque no la conocía. Cierto, hubo un momento en que tuve la necesidad de apartarme de todos para encontrar el valor de alcanzar lo que yo necesitaba (entre más lejos mejor se podría lastimar, pues era eso lo que me debilitaba) y debía hacerlo. ¡Ojalá puedan comprender esa parte y si no, por lo menos aceptarla como algo que tuvo que pasar! Pero ha sido tanto tiempo de luchar sola, por sentirme ajena a ustedes... a todo. Por mucho tiempo viví con la profunda tristeza de saber que hablaba un lenguaje distinto, que lo único que provocaba en ustedes era gracia y motivo de burla (que todo lo que me pasaba, decía o hacía era producto de mis traumas y locuras), hasta que sencillamente lo comprendí y traté de aceptar, conservando tan sólo la esperanza: QUE ALGÚN DÍA, EN ALGÚN MOMENTO, SE ATREVIERAN A VER UN POCO MÁS ALLÁ DE LO QUE USTEDES CREEN QUE "DEBO" SER PARA DESCUBRIR UN POCO MÁS DE LO QUE SOY EN REALIDAD PERO, SOBRE TODO, DE POR QUÉ HE TENIDO QUE SER ASÍ. Estoy consciente de que hay que decir, pero igual que escuchar, lo importante es la disponibilidad con que se cuente para ello. Ojalá se presente la ocasión; de cualquier forma, eso no cambiará mi sentir.

UN PROFUNDO RESPETO Y AMOR POR CADA UNO DE USTE-
DES; aunque, eternamente, duela saber que no pude demos-
trárselos de la manera en que siempre esperaron. Lo siento en
el alma.

Disculpa, Rolando, pero te tocó a ti. Como me encuentro
realmente sacudida, te confieso que estoy dudando en enviar-
te un correo, pero fluyó de tal forma que, creo, no enviarlo
sería otro error; cómo lo tomes y lo que hagas, lo desconoz-
co, lo único que debes saber es que mi alma y mi corazón son
los que trazaron cada palabra; los mismos que, en estos momentos, se encuentran muy lastimados.

Con un fuerte abrazo te digo que también deseo verlos
pronto a todos. Saludos, Ivonne.

Creer que el amor
existe y es posible

La tarea consiste en rescatar el amor incondicional y liberarlo de las heridas del pasado. Alrededor de las heridas del pasado se construye el pensamiento dual. Pasar a un pensamiento unificado significa que las heridas dejan de tener el poder que se les ha dado por siglos y siglos.

Liberar la memoria
corporal del estrés de las heridas

Llegamos a una relación de pareja con heridas, que busca con ilusión lo que faltó. Gracias al eros, empujados por la fuerza que impulsa el amor hacia el dolor y que al provocar reacciones bioquímicas pone a los hombres en estado de placer, como aliciente. Ante el reto del rescate del amor es importante recordar cómo se conocieron y qué fue lo que más les gustó del otro. Este recuerdo se conecta con la realidad de la unidad, mantiene la esperanza y el valor de continuar la búsqueda.

Las heridas primarias se dan por separaciones antes de los seis años. Estas heridas duelen y por sobrevivencia tratamos de taparlas con mecanismos de defensas que se sostienen con:

- Defensas físicas.
- Actitudes defensivas.
- Actitudes y comportamientos ambivalentes (te necesito pero te rechazo).
- Sistema de pensamiento dual que refuerza los mecanismos de separación.
- Discurso verbal dual.

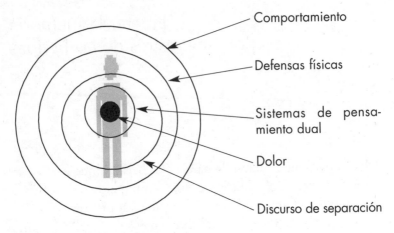

Todo es separación desde el dolor

Ponerle orden al amor

Si existe orden en las relaciones humanas, si las personas se ubican en el lugar correcto, en el lugar que les corresponde sin pretender ocupar un lugar diferente para satisfacer los vacíos emocionales, entonces se impulsa en las personas movimientos liberadores dirigidos hacia la unión y hacia la reconciliación.

El orden no sólo se pone en la familia nuclear, sino que toma en cuenta varias generaciones.

1. Los principios básicos de la terapia familiar sistémica transgeneracional y de las constelaciones familiares son los siguientes:

- Somos parte de un sistema más grande.
- Queremos pertenecer al sistema que nos da identidad y sentido de existencia.
- El sistema adquiere forma y coherencia por sus vínculos.
- Cuando una parte del sistema se mueve, todo el sistema se mueve.
- Para hacer un movimiento en una parte del sistema, tenemos que considerar al todo.
- Es más importante el todo que la parte.
- Las partes se conectan en sus vínculos.

2. Para que el amor fluya en los vínculos del sistema se requiere

- Incluir a todas las partes.
- Equilibrar las relaciones.
- Mantener orden y jerarquía.

3. Movimiento Interrumpido. Cuando se viven separaciones traumáticas durante la primera infancia, se interrumpe el movimiento nutriente natural de la vida al interior del sistema y se crea una atrofia del desarrollo que impide incluso, una evolución adecuada del sistema.

Órdenes en el amor

*El orden es al amor
lo que el cántaro al agua.*

BERT HELLINGER

Existen cinco órdenes importantes para que el amor fluya y llegue al objeto del amor.

1. Todas las personas tienen derecho a tener un lugar en el sistema familiar, independientemente de lo que hayan hecho o dejado de hacer. Si excluimos a alguien del grupo, el alma del grupo siente pérdida o carencia, se siente violentada. Excluir es una manera de negar la vida como es. Un nuevo integrante del grupo, al sentir ese desequilibrio, esa molestia o desarmonía, intentará reestablecer el orden llenando el hueco del excluido y viviendo su vida. Se apropia de su campo de información y vive por él. Actúa aspectos que son negados; se solucionan al integrar en el corazón a la persona o aspecto de la persona excluida.

La hermana de la bisabuela de Suleika se había enamorado de un almirante que había desempeñado sus labores en ultramar. A pesar de todo, le dio rienda suelta a su amor. Murió de sífilis en medio de fuertes dolores. La enfermedad (junto con la vergüenza) fue negada. Varias generaciones posteriores se vieron afectadas por enfermedades venéreas. Cuando Suleika incluyó en su corazón el amor de esa tía, su propia enfermedad desapareció.

La enfermedad ama cualquier forma de amor que el hombre por reglas limita.

Las nuevas generaciones al amar se sacrifican, al adquirir enfermedades de transmisión sexual y así incluir secretamente el amor que avergüenza.

Entre más se incluye en el corazón a todos los miembros del sistema, más completa y libre es la experiencia de vida.

2. La relación de pareja es prioritaria a la de los hijos. Antes de que llegaran los hijos había una pareja. Recordarlo les permite a los hijos tener muy claro que ellos no vienen a llenar los huecos o a equilibrar lo que ya está en equilibrio. Saberlo permite ubicar a los hijos en su lugar.

3. Es importante respetar la ley del que llegó primero. No podemos olvidar que las personas que fueron parte de nuestra vida dejaron una impronta en nosotros. Hijos anteriores, medios hermanos, parejas tienen su lugar. Excluirlos tiene implicaciones para los que vienen después, porque inconscientemente tratan de llenar ese vacío que deja el corazón ante la falta de reconocimiento.

4. Los padres son siempre más grandes que los hijos. Uno de los grandes peligros del desarrollo material es creer que podemos superar a los padres. Una cosa es tener mayores oportunidades y otra muy distinta es pensar que lo material puede ser mejor que la vida misma. Cada día es un día de vida, de sabiduría que nunca será superada ni por el dinero ni por el conocimiento.

5. Las relaciones humanas se sostienen por el dar y el tomar.

Canales de vida

Así como la sangre toma del corazón la vida que bombea, para alimentar a las células, el amor del sistema toma del alma la riqueza de la vida que corre por los vínculos de varias generaciones para transmitir el aliento vital.

Cuando una persona niega lo que el anterior le sirve como eslabón de crecimiento, el canal de vida se obstruye.

Transmisión de vida

Testimonio
Pedro. 52 años. Empresario

Pedro no podía reconocer que la fortuna que había acumulado trabajando desde muy chico, como respuesta a un padre que los había dejado varias veces sin comida, era el resultado de un gran amor del padre. Éste se había anulado por completo para darles a sus hijos la sensación de mérito propio. Él era un bueno para nada y los hijos grandes empresarios.

Pero el hijo de Pedro, Víctor, reconoce el amor del abuelo. A pesar de recibir todo el apoyo de Pedro, malgasta su dinero en alcohol, quiebra el negocio que con tanto esfuerzo ha sacado adelante Pedro. Pedro entiende el amor de su padre, abre su corazón, le da las gracias. Víctor se relajó y trabajó ahora para amar a Carolina, su esposa. Víctor le da las gracias a Pedro por haberle resuelto la situación económica y le pide su bendición en un abrazo para amar a su familia.

Linajes femeninos y masculinos

Para las mujeres, el aliento amoroso se transmite por las mujeres. El linaje femenino nutre y fortalece para llevar a cabo el papel de hija, de mujer, de esposa y de madre.

Para los hombres, es al linaje masculino que hay que honrar.

Si en alguno de los eslabones hubo un evento traumático que impidió la integración en el corazón de todos y generó exclusión, entonces el paso de la vida se interrumpe. Se crean piedras en el río que impiden que el agua corra, ésta se estanca y genera profundos trastornos.

Ayuda mucho, para sentirse bien, identificar en una constelación familiar si en nuestro inconsciente está integrado todo el linaje o excluye a alguna de las personas. Esta exclusión se hace por dolor.

Testimonio
Víctor. 32 años. Hijo de Pedro. Empresario

Víctor honró a su linaje, a los pobres y a los ricos, a los que abandonan y a los que se quedan, a los que murieron y a los que vivieron. Ahora estaba listo y libre para hacer lo propio.

Compartir el regalo

Cuando se es libre y uno se siente completo, entonces se es capaz de reconocer que se tiene algo particular y propio por desarrollar. Vemos en ese momento que ser mujer es una bendición y le entregamos al hombre la esencia femenina que le falta como un regalo, envuelto con papel y moño.

El hombre en paz con su historia, integrado, sin luchar internamente contra su padre o defendiendo a su madre del mal hombre, le entrega en ese momento a la mujer su esencia y su energía masculina como un regalo.

Encuentro de dos sistemas diferentes que buscan que el amor supere la razón y la forma

Es la atracción, es el incomprensible amor que nos invita a cometer los más grandes "errores" de la vida. Esos errores que son los únicos capaces de borrar fronteras, razas, colores y religiones e invitar a los hombres y mujeres a reconocer que no existe separación entre los humanos, que somos todos iguales, que somos uno.

El encuentro con personas que nos cuestionan y confrontan con nuestro destino y que se convierten a la vez en el destino, es una oportunidad de evolucionar.

Cuando se enamora un negro de una blanca en Sudáfrica, con el riesgo de convertirse en individuo de segunda clase, de recibir maldiciones de ambos lados, de vivir como un traidor a su raza sólo por defender su amor, la vida se convierte en un conflicto difícil de sortear, a menos que ambos fortalezcan internamente el amor y lo que son para enfrentar la separación y vencerla.

Testimonio
Aram. 38 años. Investigador
Bárbara. 35 años. Escritora

Suleika explica que el abrazo, al liberar las endorfinas, le abre al amor un espacio tal que se tienen fuerzas renovadas para defenderlo a pesar del dolor y de las luchas internas por la sepa-

ración. Tarde o temprano, rendida la mente, el clan entero se rinde a la evidencia y la acepta.

Aram, le mandó una carta a Suleika:

Acabo de casarme. Me rendí al gran amor que siento por Bárbara. Sé que significa quedarme seis años en un país que detesto. El hijo de Bárbara tiene prohibido por el padre salir de aquí. Sé que lo que me da la fuerza para mantenerme y no huir es ver constantemente el amor que sentimos el uno por el otro en los abrazos.

El abrazo impide que gane la separación. Impide que dos personas de colores diferentes se rindan ante la posibilidad de crear el arco iris. Color, religión, propósitos de vida, lealtades que recuerdan la diferencia y nos invitan a desistir.

Testimonio
Doris. 22 años. Diseñadora
Damián. 25 años. Agrónomo

Doris está embarazada. Su madre comparte su felicidad y con un dejo de amargura e ironía le dice que lo único que siente es que sus nietos serán mulatos. Doris siente en su vientre la traición. Traiciona a su raza, por ese negro de Damián. ¿Será tan importante ese amor? Doris regresa a casa y pelea con Damián. Encuentra un pretexto para humillarlo. Damián no entiende pero cree en él. Toma a Doris en sus brazos, la sujeta y la obliga a sacar su veneno. Ella le cuenta lo mal que se siente. Él la abraza, la besa y le da seguridad. Ella tiene la seguridad de ese amor y la fuerza para enfrentar su traición. Doris y Damián tienen hoy los mulatos más hermosos. Son el gran orgullo de la abuela materna que no pierde ocasión de llevarlos a misa y presumirlos entre sus amigos. Son hijos del amor, y son hijos de los que defendieron el amor. La hermosura es su reflejo.

Encuentro de dos almas
escudadas en dos cuerpos

Rescatada la esencia, rescatado el amor, se avanza hacia el futuro con amor. Es momento de trabajar al servicio del amor y de la vida.

Plan para asegurar una pareja en crecimiento. Es el alma la que lo dicta y los abrazos lo realizan

Ponerse al servicio del otro para descubrir sus necesidades y mecanismos de defensa.

- Construir una casa y estar dispuesto a los cambios de arquitectura que el alma exige en su evolución.
- Construir tres cuartos del placer. Uno para cada quien y uno más para ambos.
- Inventar un cotidiano, nuevos ritos.
- Renovar la risa.
- Domesticarse a sí mismo: amarse, recuperar su linaje, vencer los miedos.
- Escuchar lo que se diga y lo que no se diga.
- No tomarse nada como personal, olvidar el pasado y pensar que el mal es sólo una defensa.
- Respetar las contradicciones del otro: no quererlo cambiar sino venerarlo en su identidad.
- Estar presente cuando se está.
- Identificar los momentos adecuados. Saber cuándo guardar silencio y cuándo no guardar nada.
- Hablar de amor con símbolos.
- Reinar en la imaginación del otro.
- Emprender la locura más grande de la vida. Decidirse a amar.

- No tener ningún derecho sobre el otro y dejarlo vivir en paz, sin acosarlo.[31]

---

[31] Alexandre Jardin, *L'île des gauchers*, Gallimard, Francia, 1995.

Cuando la forma destruye la esencia

Testimonio
Rocío. 45 años. Terapeuta
Gonzalo. 44 años. Médico

Rocío es terapeuta. Quiere ser feliz. Ha alcanzado un nivel de conciencia basado en un cuidado detallado de la forma: la forma de hablar, de pensar, de presentarse, de ser. No es fácil para Suleika llegar a la esencia cuando la forma ha ocupado tanto espacio.

—No puedo vivir sin ti. Te amo tanto —le dijo Gonzalo viéndola a los ojos.

—Yo también. Cada instante vivido a tu lado permanece pegado más allá de mi piel. Cuando te vas, busco en cada rincón tu presencia, guardo hasta las colillas que tocaron tu boca con la esperanza de que sean tus labios los que afloren la mía.

Rocío es una mujer grande. Pulió el carbón hasta convertirlo en diamante. Se ha construido día a día y puede defender quien es: sin duda, es mejor que ayer. Promueve el cambio decidida a erradicar el sufrimiento de la faz de la tierra. Las sesiones con ella fueron encantadoras, alababa mucho a Suleika a la vez que juntas le daban cuerda a sus mentes analíticas con el deseo de acercarse cada vez más a la luz. Al despedirla, Suleika confirmaba en su mirada su mordaz inteligencia y se quedaba con la duda de lo que escondía debajo de su caricia.

No fueron sesiones fáciles para Suleika. Rocío contaba con buenos elementos para hacerla dudar. Sobre todo, alcanzaba a ver el ego y la herida de Suleika.

Gonzalo, silencioso y a veces tímido, mostró con sus brazos que no flaquearon la fuerza de su linaje. Con ganas a veces de mandar todo a volar, la sostuvo con el deseo de someter a tan gran mujer. Quizá con el afán de ver algo más que perfección, y su tenue luz encontrar el lugar que él mismo no acababa de ocupar. Así, él le ayudó a descubrir su lado oscuro, difícil de entrever entre tanta envoltura, que él, a su vez, había contactado varios años antes, en silencio. La forma le ayudaría a sobrevivir ante la oscuridad, tentadora muerte convertida en abismo.

Él pensaba que no la merecía. Ella pensaba que con lo que era, no era suficiente; debía cuidarlo y así él no se iría de su lado. Desplegaron sus defensas. Ella se activó y se hizo no sólo aún más grande, sino indispensable. Por lo menos eso creía. Él se retiró, y trago en mano, fue creciendo a solas y sin derecho. Tenía un padre alcohólico y machista, iracundo e incapaz de demostrar ternura. Cada halago era una ofensa a la autoestima.

Se casaron. Los hijos no llegaron. Ella no quería tener hijos, sólo quería tenerlo a él. Él pensaba que si eran dos, ella querría quedarse con él, a pesar de todo, cuando descubriera la clase de hombre que era.

Truncaron las leyes de la naturaleza, hicieron mil malabares, negociaron y finalmente ella aceptó siempre y cuando quedaran claras sus condiciones. Tuvieron hijos. Después de 20 años, seguían viendo de qué manera se cuidaban para que ella no descubriera su maldad y para que él no viera cuánto lo necesitaba. Pero el hijo decidió olvidarse de la forma y con la esperanza de encontrarle algún sentido a la existencia, destapó la esencia: Él sí expresó abiertamente el odio que se tenía a sí mismo y cuidó la forma. Aparentemente, estuvo horas en el gim-

nasio con la ilusión de encontrarse con otro, más grande, más fuerte. De nada sirvió. Seguía embarrando ira y sin ser visto. Así llegaron al abrazo.

El dolor era inmenso, la intolerancia mutua, a flor de piel; buscaban desesperadamente lo que tanto amaban, atrapados en la forma amable de amarse, creyendo que el otro no veía, habían dejado de encontrarse...

La niña se sentía tan triste. El niño estaba tan molesto. Pidiendo a gritos ser liberados. Atrapados en lo que más temían. Ella lo culpaba de todos los males y él la descubría oscura.

Fueron varios los abrazos. Semana tras semana, limpiaron el dolor, fueron vaciando la forma, convertida en gritos, lágrimas y sudor. No faltaron los deseos de herir al sexo. Cada quien encontró a su niño y lo abrazó. Dejaron de luchar.

—Ya no quiero relacionarme con la niña que demanda atención y no la puede recibir. Ya no puedo quedarme en la sombra para hacerte grande. No puedo seguir con este juego. Acepto mi incapacidad de expresarme por miedo a mi sabiduría y poder. Veo mi herida, veo a mi niño, quiero caminar con él.

Ella comenzó a debatirse y finalmente se rindió. Estaba ya tan cansada.

—Mi niña aún necesita atención. Todavía no puedo hacerme cargo de ella. Por favor, espérame, quédate a mi lado. Aún no puedo hacerme cargo de ella –repitió. Te necesito tanto.

Y lloró. Sólo lloró.

Y él le dio mil besos; al fin, aunque por un instante, ella eligió. Entre la muerte y el amor, se decidió por él.

El poder personal

Una cosa es la importancia personal y otra muy distinta el poder personal.

Las dos son importantes, sin una, no se llega a la otra.

La importancia personal tiene que ver con egocentrismo. Tiene que ver con creer, como el niño, que todo gira alrededor de sí mismo. Tiene que ver con valor personal, en un momento en el que se renuncia a la esencia para pertenecer.

La vinculación en el adulto deshace el ego del niño y fortalece el poder del adulto.

El poder personal le sigue a la importancia personal. Ahora tiene que ver con el adulto. Consiste en saber que se vale, que se es importante, y en dejar a un lado la importancia personal para pasar a algo más grande.

Es recuperar y aceptar la esencia después de haberla perdido.

La esencia es el alma. La suma de todas las partes que conforman a los sistemas vivos, incluido el ser humano. Sin la esencia es difícil enfrentar como adultos las circunstancias y eventos que la vida nos presenta.

Desde su esencia, el hombre cuenta con todos los recursos necesarios para posicionarse adecuadamente ante la vida con responsabilidad. La esencia es la llave de la felicidad.

La responsabilidad no sólo es un deber social, es un acto de amor propio. Se le puede ver como una carga o como una satisfacción.

Desde una actitud responsable se le pone atención a:

- La necesidad.
- La claridad y precisión en el manejo y uso de las palabras.
- El impacto de las acciones.

La responsabilidad permite mayor conciencia porque tiene relación con darse cuenta, con tener conciencia, con estar presente cuando se está.

Darse cuenta es el paso previo a la responsabilidad. Es acceder a lo que está en el inconsciente. Es ver lo que nos divide, lo que nos determina hacia la separación, es ver las heridas tapadas que aún sangran.

El inconsciente controla la irresponsabilidad. El inconsciente está asociado con dolor. Por ello, no siempre se puede ser responsable porque esto obliga a tocar una parte dolorosa de nuestra experiencia registrada en el inconsciente. Ser responsables obliga a hacerse cargo del dolor, obliga a enfrentarlo.

Responsabilidad es igual a desarrollo de la conciencia.

La responsabilidad se va dando dentro de un proceso de crecimiento.

Existe una diferencia entre la responsabilidad del niño y la del adulto: para el bebé y el niño, el otro, el grande de quien depende, es responsable de sus necesidades; el adulto es el responsable de cubrir sus propias necesidades.

Para sostener el amor de pareja, la responsabilidad, la esencia y el poder personal tienen un rol fundamental: cada uno tiene que hacerse cargo de su propia vida.

En las relaciones de pareja existen dos grandes fases:

a. La fase del enamoramiento. En ella actúa la importancia personal.
b. La fase del amor. En ella actúa el poder personal.

Enamoramiento y amor

Inicia con la etapa de la pareja en que nada más que la atracción importa. Es el momento de darse tiempo para besarse. No se ven los defectos del otro.

Este momento es crucial. El enamoramiento de la pareja constituye el medio para que el alma de la pareja se instale y atrape los corazones.

Se imagina que todo es perfecto, y consiste en enamorarse del que se cree puede llenar las necesidades y carencias. El otro no es interesante por lo que es, sino por lo que produce en el sí mismo, por lo que se espera puede dar. Lo curioso reside en que el objeto del enamoramiento es precisamente el que no va a dar lo que necesitamos. Si hay amor, el otro no puede dar lo que se cree necesitar, porque el otro tampoco ve a una persona necesitada, la ve completa porque tiene la ilusión de que le entregue lo que necesita.

Cada uno de los miembros de la pareja está resolviendo lo suyo. Enfocados en la ilusión del no ver, el otro les juega el juego para no perder.

Es la etapa de usarse, por supuesto negándolo, para evadir las heridas.

La siguiente es una etapa de lucha, de dolor, de almacenamiento de resentimientos, más o menos larga, en la que se quiere luchar y huir pero el alma, el amor de la pareja, detiene. Se quiere alejar al otro y algo detiene.

Testimonio
Rebecca. 43 años. Ama de casa

Así se lo explicó Rebecca a Suleika: "Al estar abajo de mi esposo, sentí enojo y un deseo de quitarlo. Permanecer comprometidos requiere mucha confianza, lo que ha sido el tema central de mi relación. Los dos somos personas fuertes y con voluntad, y no nos gusta ser sometidos. Permitirnos ser abrazados por el otro sacó una multitud de emociones dolorosas registradas por abandono, rechazo, miedo, coraje, celos y desconfianza. El hecho de permitirnos ser vulnerables es doloroso y liberador a la vez".

Testimonio
Eloísa. 36 años. Maestra de preescolar

La que sigue es una carta escrita por una mujer a su cuñado, pero que inconscientemente dirigía a su marido. Se encargó de que toda la familia la leyera. Muestra cómo las parejas toman asuntos del otro para ser amados, ensanchando entre ellos la brecha del resentimiento. Tomó un tema del sistema y expresó el dolor de las que no pertenecen a él. Al escribirle, sigue tomando un asunto que no es suyo para sentirse menos amenazada por la posibilidad de perder al hombre que ama. Sigue negando su dolor.

"Viví cinco años infernales en mis relaciones con tu familia. Viví groserías y humillaciones y pensaba que era un problema mío. Lo que era claro es que no les gustaba. Con el tiempo y las terapias de abrazo comprendí que el problema no estaba en mí sino en mi marido, tu hermano. Me di cuenta de que tenía un dolor muy grande y una herida aún abierta con tus padres por la separación a los 11 años, cuando ingresó al seminario, y antes de enfrentar ese dolor directamente iba a tratar de evitarlo por todos los medios. Verlos le generaba dolor y al mismo tiempo los necesitaba aunque no lo pareciera por ser siempre tan independiente. Me estaba utilizando inconscientemente para no enfrentar esa herida: era mucho más fácil que por mi mal carácter yo me enfrentara a tus padres, él se alejara de ellos y por supuesto yo sería la culpable. Era yo la enojada, era yo la lastimada. Le compré el boleto pues para mí era tan importante ser aceptada por ustedes que cualquier cosa que me pusiera en el papel protagónico era bienvenido. Hasta el día que hicieron un abrazo él y tus padres y se dio cuenta de todo el dolor que traía cargando. Ahora lo ha podido enfrentar directamente y me puedo llevar mejor con todos y mis hijos pueden disfrutar a sus abuelos, a sus tíos y a sus primos. Pero sobre todo, nosotros hemos crecido muchísimo como pareja. Y eso es para mí lo más importante.

"Siento decirte que estás repitiendo inconscientemente un patrón sistémico, estás utilizando a tu pareja para alejarte de tu familia y para manifestar tu enojo. Como lo hizo tu madre para expresar su enojo a su madre. Por la manera en la que has manejado las cosas, por no ser directo, ella se ha convertido en el nuevo blanco. Primero fue tu primera esposa, luego yo y ahora ella y ni siquiera somos de ese grupo.

"Todos la detestan y son groseros, incluso yo, cuando ella no tiene mayor culpa que quererte. El único responsable eres tú.

"Si realmente quieres tener una buena relación de pareja, a las cosas hay que llamarlas por su nombre y verlas como son, porque si no, esa relación está destinada al fracaso como lo estuvo tu anterior relación y como estuvo a punto la mía."

Llega la crisis. No se soporta más la división interna expresada en divisiones externas.

Aram

Aram vive en estados Unidos. Es un luchador contra el racismo y las injusticias del sistema capitalista. Está atrapado. Su esposa, a la que adora, tiene un hijo de su primera pareja. Este hombre no quiere separarse de su hijo y le ha negado la salida del país. Aram quiere vivir en Uruguay, siente que está traicionando sus principios e ideales, no quiere que el hijo que ahora tienen ambos crezca ahí.

Aram está dividido. Renuncia al amor y a su hijo o renuncia a sus principios.

¿A qué realidad interior responde esta división externa? Suleika no lo sabe. Aram quiere descubrirlo y le duele.

Sobreviene sin piedad la gran desilusión. Los cuestionamientos acerca de las decisiones de vida traen consigo la posibilidad de tirar a la basura todos los años compartidos, y se repiten comentarios del estilo: "de haber sabido, nunca me hubiera casado con esta…" "Me casé enamorada pero se encargó de desilusionarme…"

En este punto tenemos que tomar algunas decisiones: seguir o no con esa persona, hacerle un elogio a la huida o quedarse, no por lo que se espera, no por lo que sirva, sino para enfrentar la propia vida.

Elogio a la huida

Testimonio
Violeta. 55 años. Hotelera

Violeta es húngara. Administra el hotel la Huida. Se sentó con Suleika frente al mar y dijo: "No vas a analizarme, te voy a hacer un regalo". Y así fue. Como dijo Borges: "Todo encuentro casual es una cita".

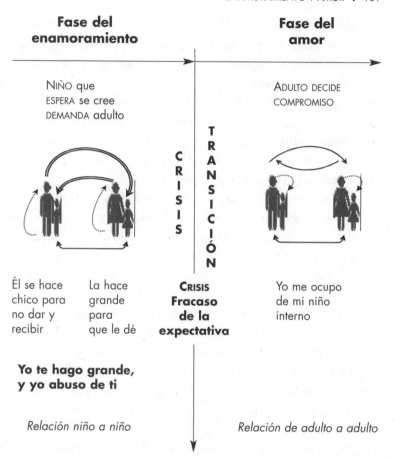

Fase del enamoramiento

Fase del amor

Niño que ESPERA se cree DEMANDA adulto

Adulto decide compromiso

CRISIS

TRANSICIÓN

Él se hace chico para no dar y recibir

La hace grande para que le dé

Crisis Fracaso de la expectativa

Yo me ocupo de mi niño interno

Yo te hago grande, y yo abuso de ti

Relación niño a niño

Relación de adulto a adulto

Sus grandes ojos verdes hacían juego con su blusa y su falda. Unos aretes de corazón remarcaban su rostro, cuya luz y fortaleza intimidaban al león disfrazado de gato. Ella sí que era una gatita disfrazada de leona. Creía que nadie veía lo frágil que era.

Y contó lo que nunca había contado.

"No se ama todo lo que se puede amar porque se tiene miedo. Se tiene miedo de remover el dolor de las heridas del pasado y perder los vínculos y la pertenencia al cerrar asuntos inconclusos de generaciones pasadas. En mi caso no quería analizarme, encontrar el fracaso, el error, la culpa, aunque de todos modos ahí está.

"El fracaso de la pareja no es algo que se quiere enfrentar. Somos responsables del fracaso porque juzgamos mal las necesidades y porque no nos atrevemos a pedir lo que necesitamos. Pensamos que el otro tiene la obligación de adivinar, pero él está demasiado preocupado por atenderse a sí mismo. Si no hablas, nadie adivina. Esperamos en silencio que algún día que nunca llega, él comprenda. No queremos responsabilidad porque tenemos miedo de ser juzgados, del qué dirán. Queremos ser inocentes.

"He sido una mujer cobarde. Tenía miedo de lo que pensaran los demás. Tenía miedo de perder a los amigos. Miedo de haber fracasado en el matrimonio y que eso signifique fracasar en todo. Al huir me encontré sola, y lo tuve que enfrentar tarde o temprano y observar mis sentimientos.

"Estuve casada 15 años con un hombre al que adoraba. Al separarme lo seguí amando, incluso más que antes. Estaba más presente separados que casados. Él tenía amantes en todas las ciudades y yo cerraba los ojos, hacía como si nada pasara para no poner en peligro mi estabilidad emocional y sobre todo financiera. Era rica, pero pobre en dignidad y respeto. Le pedí que se fuera para no odiarlo. Se fue con su ropa, la foto de su madre, los aparatos de video, la colcha tejida por su mamá y la vajilla que ella nos regaló por nuestro matrimonio. Hasta ese día me sentía indigna, incapaz de expresar mi necesidad real. Lo protegí ante los demás, permití que me vieran como culpable e ignorante, me dejé tratar con crueldad, me dejé humillar y arrasar mi personalidad, por un poco de amor y por guardar las apariencias.

"Me separé y recuperé mi dignidad. No permití que mis hijos perdieran el respeto por su padre. Renuncié a todo lo material. Quería paz, autoestima, dignidad, mi esencia y mi personalidad.

"Dejé que me usara para su defensa, el era abogado y necesitaba una mujer que lo defendiera. Dejé que sucediera porque necesitaba llenar mi necesidad profunda: ser amada. Cuando amo, me olvido completamente de mí; la leona del día se convierte en la gatita de noche que quiere una caricia. Me vi obligada por amor a mostrar mi lado oculto, mi vulnerabilidad."

Suleika le preguntó si había recuperado su esencia: "Sí —contestó. Ahora ya no tengo miedo de perder. Me ayudó mucho vivir en otras culturas. Siendo extranjera en todos lados, ya no te da miedo ser extranjera de ti misma. Tengo el corazón en la mano, nada me pertenece. Sé lo que es el desapego. Sólo quiero sol y mar".[32]

"¿Has, cubierto tu necesidad real?", inquirió Suleika. "No".

"Tienes la esperanza de ser amada", continuó acechando.

"Sí, si me abro un poquito. Sí, si me decido a sanar mis heridas. Si no, se vuelven abrir en cualquier relación.

"Se requiere que el otro quiera hacer lo mismo; si no, la brecha se hace cada vez más grande entre los dos, y se da el desencuentro."

Sanar las heridas es la transición hacia el amor.

La fase del amor es la fase en que aceptamos a la persona tal como es. Lo mismo le pasa a un amante del arte que compra una obra. Compra una obra de arte porque la ama, porque le

---

[32] Julia Kristeva, *Étrangers a nous mêmes*, Gallimard, París, 1988. La autora explica el sentimiento de exilio al separarse de la tierra original.

parece bella, para disfrutarla. No porque vaya a valer algún día. El amante en la fase del amor es eso, un amante del otro. No espera nada. No espera a que le dé valor. Lo disfruta porque le gusta. Todo lo que le disgusta tendrá solución a partir de una decisión personal. No es el otro el que cambia, es uno el que decide.

No importa cuáles son las decisiones que se toman en la vida, sino la posición que uno adopta ante ellos.

La vida invita constantemente a los adultos a tomar decisiones. Se presentan siempre ante ellas dos caminos, no importa si se cree que no se avanza, siempre se decide por uno de ellos. El de la vida y el de la muerte. El de la unión y el de la separación. Cada uno, a su vez, abarca a ambos.

Todas las decisiones del pensamiento y de las acciones tienen consecuencias, unas positivas y otras negativas. Cuando se asumen las decisiones desde la responsabilidad, resulta mucho más fácil aceptar y enfrentar las consecuencias.

La responsabilidad es parte del poder personal.

En ese sentido, tomar decisiones desde el poder personal significa ser leal a sí mismo, respetar la esencia propia y la necesidad del momento, y actuar con una conciencia adulta. Significa ser el actor principal de la vida. Darse cuenta de que lo que se vive fue provocado.

El hombre y mujer provocan lo que les pasa.

Para ello es muy importante saber con precisión lo que uno quiere, lo que uno necesita. El proceso de vinculación por medio del abrazo asegura que la persona identifique su necesidad con claridad y asuma su responsabilidad. Eso facilita el crecimiento, la conciencia, la responsabilidad, el valor personal y el poder personal.

Proceso de vinculación

Identificar la necesidad

↓

Conciencia: darse cuenta, escuchar el alma

↓

Crecimiento: pasar del niño al adulto

↓

Responsabilidad (aceptar las experiencias
como eventos decididos y provocados)

↓

Abrazar la esencia

↓

Vivir con poder personal: saber
quién soy, asumirlo, dejar de ser inocente

Suleika en sus talleres, al tratar el tema de responsabilidad, suele hacer un ejercicio en el que tienen que completarse las siguientes frases.

Si soy consciente y responsable, entonces...

Si estoy vinculado...

Le conmueve ver en las frases el miedo que existe a ser feliz porque implica crecer. Implica ver y sentir las heridas para sanarlas y soltarlas.

...seré feliz

...nadie me verá

El poder personal se puede definir de distintas maneras.

Está en nosotros. Es nuestra energía. Nace con nosotros. Se halla en cada uno de los hombres y mujeres. Es nuestro motor y no actúa solo. Acompañado de nuestras heridas, necesidades insatisfechas, emociones y pensamientos, interior oculto y expresión externa del ser, siempre está activo. Nos permite cumplir con nuestra misión personal.

La mayoría de las veces se olvida que existe. Se piensa que lo que sucede es un capricho del destino y no vemos que es nuestro poder el que nos invita a experimentar ciertas facetas de la vida, aliado a ella. La vida y el poder personal van de la mano. El poder personal aprende a respetarse a la vez que sabe fluir con la vida. El poder personal es la vida que fluye. La vida, más sabia que el ego, invita a reconocerla para saber qué está pidiendo, a qué necesidad estoy respondiendo, para no luchar ni con ella ni con él, sólo alinearnos, de la mano, caminando...

Alinearse con el poder personal... Es una clara sensación de estar en el propio centro. No caminar sin rumbo movido por distintos vientos. Se maneja el timón del propio barco y se sabe que hay momentos de tormenta en los que se tiene que redoblar esfuerzos y momentos en los que se puede soltar el control y dejarse llevar por la corriente.

Es ser, sin máscaras. Asumir desde la conciencia adulta lo que se es. Quiere decir que no siempre se es inocente. Porque la conciencia adulta unificada reconoce ambas caras de la moneda: la culpa y la inocencia a la vez. Pasar de que "me pasan las cosas" a " yo decido cómo vivo las cosas que me pasan". La vida es lo que se hace de ella. Mover la percepción infantil a una adulta: ver la realidad y no la ilusión.

Estar despierto, alerta y en paz, en vez de estar adormilado y apegado a ideas o películas del pasado, de la infancia. El poder personal se siente. Se presenta cuando hay unificación, cuando se deja de luchar entre las polaridades, entre la bondad y la maldad, entre la eficiencia y la incapacidad, entre el amor y el odio, para aceptarlas a ambas como parte de la humanidad. Es una experiencia cumbre. Es la fuente de la felicidad y de la armonía. Lo que impide el poder personal es el miedo, la duda, la culpa, el orgullo, la soberbia, el ego y el voluntarismo. Eso implica tener la humildad de rendirse ante la vida, a lo que es, a lo que se es, y no lo que se quisiera ser.

El poder personal consiste en la capacidad de reconocer lo que somos y no sólo lo que queremos ser. Se es tan malo como bueno, tan ambicioso como generoso, tan perpetrador como víctima. Se trata de identificar las necesidades reales. De tener el valor de mostrar lo que somos sin miedo a perder el cariño de los que hasta ahora daban pertenencia e identidad. De identificar las fuerzas y capacidades aunque no sean totalmente aceptadas. De tener a la mano todos los recursos que se nos dan por el hecho de estar vivos: la gama de sentimientos y sus polaridades, amor, odio, tristeza, alegría. Es reconocer nuestro lado luminoso y nuestro lado oscuro. Es tener el valor de utilizarlos aunque parezca traición a los demás pero sólo sea lealtad personal.

Suleika es nieta de un sobreviviente del holocausto. Desde muy chica integró en su pensamiento, discurso y acciones de lucha. Mantenía, inconscientemente, vivos a los muertos. Si éstos seguían luchando no morían. Formaban parte de su pensamiento mágico. Lo plasmó toda su vida. "Solo si lucho, merezco vivir y ser amada". A los 40 años está agotada. Tuvo el valor de enfrentarse a su grupo familiar. Mató a sus muertos y anunció su rendición.

El poder personal elimina a la víctima.

Es confiar en ti, en tu persona, en tus decisiones, en tu ser, aunque no puedas justificarlo ni explicarlo.

Las propuestas actuales de crecimiento

Es momento para Suleika de reflexionar en torno a algunas propuestas actuales de crecimiento derivadas del pensamiento dual.

Algunas de estas propuestas consisten en edificar hombres y mujeres independientes, autosuficientes y eficientes, capaces de vivir en núcleos reducidos, sin comunidad, con pocos hijos, lejos de las familias que estorban, o solos.

La estrategia consiste en fomentar las separaciones. Entre más chicos se vayan los niños a las guarderías, más independencia económica habrá en la familia porque trabajan papá y mamá y más reconocimiento social habrá.

Sin embargo, ni la estrategia ni la propuesta tienen lógica dentro del esquema básico del sano desarrollo que declara rotundamente que ello va en contra de las necesidades básicas e impide un desarrollo equilibrado. A una persona que no se desarrolla adecuadamente le faltó algo. Le faltó esta agua, el amor que lo nutre y permite que se expanda y florezca. Una persona con carencia está dispuesta a hacer cualquier cosa, incluso dejarse humillar, abusar, maltratar, ir contra ella para recibir un poco de eso que faltó. La pregunta obligada es por qué si la separación es una etapa del desarrollo que se presenta de manera natural cuando se ha recibido lo necesario, el sistema de desarrollo social en el que vivimos promueve e impulsa la separación.

No es necesario empujarla si se presenta cuando está lista. ¿Cuál sería entonces la lógica de nuestro sistema social de desarrollo: ¿Potenciar al hombre o limitarlo para controlarlo? Las pro-

puestas de crecimiento también forman parte del sistema, que educa, da valores, da cultura, identidad y pertenencia.

Ésta es la pregunta que la ha inquietado durante años. Transitando aquí y allá, viendo el deseo vital, brutal del hombre por crecer, que por cierto no se detiene pero puede hacerse largo, buscando ayuda para hacerlo, reconociendo con humildad que no puede solo y encontrándose con mecanismos que al inicio le sirven pero acaban reproduciendo el dolor: "Con tal de recibir lo poco que me das, estoy dispuesta a renunciar a mí..."

¿Cómo es esto posible? Hasta la fecha la pregunta le taladra el cerebro, alcanza algunas respuestas, y sigue preguntando.

Por otro lado, su misión en esta vida es justamente la de ocupar el lugar al que le vienen a pedir ayuda. ¿Cuál tendría que ser su actitud, o aún más, su convicción, su ética de trabajo?

"Cuando alguien viene a terapia y pide ayuda, reconoce por un lado que no puede solo pero a la vez, pide como un niño. La relación terapeuta/cliente corre el riesgo de convertirse en una transferencia madre/hijo. De lo que se trata justamente es de nivelar la relación adulto-adulto y no caer en la tentación de volverse indispensable. Nunca se podrá reemplazar a la madre, y nunca los amará como a sus hijos. Aun si tuviera que pagar el precio de quedarse sola, su trabajo consistiría en dar a algunos empujones certeros para que el otro RECUPERE SU PODER PERSONAL. Eso era claro para Suleika.

"Poder... autoridad... abuso... sometimiento...

"Poder... encuentro con la esencia... alineación con el alma, rescate del ser con potencial ilimitado..."

Suleika estaba mareada. En su cabeza giraban las palabras. "Empowerment... empowerment... Hay algunas palabras que sólo en ciertas lenguas adquieren toda su potencia. Apoderarse, ser uno mismo atreviéndose a lanzarse al abismo, a tocar las heridas más profundas, a no temerle al miedo, a romper los límites de la separación, a arriesgarse a perder la aprobación y el amor, y a ex-

perimentarse unificado, pleno, completo. No mutilado por el mie-
do, no mutilando la esencia para asegurar migajas de amor... No
tengo derecho a enojarme porque me quedo sola... no puedo mos-
trar mi desprecio porque me separo... no puedo decirte que me las-
timas porque si te mueres cargaré con la culpa... no puedo mos-
trar mi sensualidad y vivir mi sexualidad porque soy una puta...
y así cuantas frases duales ilusorias, parciales determinan mi decir,
mi hacer y mi pensar. Y éstos son algunos ejemplos que están a la
mano, de lo que pasa con los impactos de separación de la infan-
cia aún enterrados en el inconsciente, aún débiles o vulnerables pa-
ra ser tocados."

Desde el centro de su ser, justo en su ombligo, surgió el grito. El
grito primario. Nadie antes había escuchado su sonido. Era un
mezcla de bramido de animal herido con una cascada de placer,
el sonido de la muerte y de la vida entrelazados... y al grito le si-
guieron estas palabras:

"NO, NO, NO. Me niego a jugarle el juego a la separación, me
niego a seguirle creyendo, me niego a darle el poder...

"Es normal nacer por cesárea, es normal separarse de un niño
a los dos años y mandarlo a la escuela, es normal no amamantar,
es normal dejar llorar a un niño, es normal no saber lo que sientes, es
normal no expresar tus sentimientos, es normal vivir desconectado,
es normal sufrir, es normal vivir como mutilados de guerra, es nor-
mal no amar, es normal no ser amado... Me duele el alma hasta
gritar, me revuelco de rabia, y decido alzar mi espada filosa, y ne-
garlo. Adopto la subversión." Respiró.

En ese preciso instante supo que el poder personal es la esencia,
es el alma que se expresa con el cuerpo y lo libera de su separación.

Supo que el cuerpo había escuchado el alma y se abrazaba.

Supo que no había nada más revolucionario que un abrazo.

Suleika se abrazó, abrazó su sombra a la que tenía tanto mie-
do, cerró los ojos, se vio y recorrió su historia hasta su origen y lle-
gó más allá de su destino y del destino de los demás.

Su madre la abrazó. Ella la abrazó. Siempre serás mi puente con la vida. Gracias, le dijo Suleika. Se levantó, salió de la habitación y fue en busca de su amor.

Sus últimas palabras las recogió el infinito: "Aquí estoy desnuda, aquí está mi alma, lista para amar".

Ésta era la victoria que Suleika había traído de lejos.

Lo que separa y une a las parejas

Suleika anotó sus conclusiones.

El abrazo libera las imágenes del inconsciente que nos hacen sufrir.

Clavarse en el inconsciente a profundidad, rescatarlo hacia el consciente es el movimiento que permite la acción transformadora hacia mayor felicidad con resultados tangibles.

El inconsciente determina nuestra acción, fundamentada en impresiones de las experiencias de la infancia en el alma. Estas impresiones no son indelebles. Los efectos traumáticos pueden liberarse, transformarse y convertirse en la fuerza si son rescatados del inconsciente y filtrados nuevamente desde la conciencia adulta. Ninguna huella de la infancia determina una infelicidad permanente. Existe siempre la posibilidad de darle una perspectiva de crecimiento.

Como todas las escuelas de desarrollo, la escuela de la vinculación y del abrazo busca rescatar las imágenes o patrones del inconsciente para transformarlos en imágenes reales y permitir mayor integración, unidad y felicidad en el ser humano.

El abrazo permite echarse un clavado muy en lo hondo del inconsciente, tan hondo que habla el alma.

En los abrazos se ve con mucha claridad y en periodos muy cortos lo que separa y une a las parejas.

Lo que separa a las parejas es que actúan como niños y no como adultos.

La ceguera, caminar por las ramas y evitar el tronco y las raíces, transitar por la ilusión y dejar tras bambalinas la realidad separa a las parejas.

Lo que separa a las parejas es que actúa un niño disfrazado de adulto, o un niño en transición hacia el adulto que no acepta el proceso de transición.

El niño espera.

El niño todo lo toma personal porque se siente el centro.

El niño es inocente.

El niño tiene miedo.

El niño quiere ser aceptado.

El niño culpa y quiere que el otro cambie.

El niño esconde su dolor de niño.

Tiene un amor ciego al sistema, y compensa con la propia pareja, la pareja de los padres para tener derecho a vivir.

Su pensamiento se basa en concepciones duales.

Excluye a los padres o parejas anteriores de los padres.

No reconoce el orden.

Depende de la pareja, se pierde en el otro y piensa que sin él, deja de existir; lo quiere siempre para él, como el niño quiere a su mami.

Se mantiene a través de equilibrios desequilibrados.

Rechazan, él, su pareja o ambos, asumir la responsabilidad que a cada quien le corresponde.

Lo que une a las parejas

Actuar como hombres y mujeres adultos.

El adulto es dueño de su destino.

El adulto sabe que provoca su experiencia.

El adulto decide si se queda o se va.

El adulto toma lo que le corresponde.

El adulto no teme a su herida.

El adulto respeta su esencia.

El adulto abraza su herida.

El adulto sabe que se es culpable e inocente a la vez.

Recuerda su esencia.

Tiene fe en el amor.

Es tener fe en la unidad.

Es asumir el poder personal del adulto.

Es la responsabilidad.

Es tener percepciones unificadas.

Es querer crecer.

Es dejar de pelearse con la vida y su movimiento.

Es aceptar que todo lo vivo está en proceso evolutivo.

Es tener mala conciencia con el sistema de origen.

Es saber que se tiene derecho a tomar.

Es poner a la pareja en primer lugar.

Es aceptar la sombra.

Es amar el sexo.

Para ello, es preciso cortar el cordón con los padres. Cuando éste ha sido cortado en todos los niveles, existe una independencia real de los padres, y se establece con ellos una relación más profunda, más cálida y más humana. Ya no teme entonces involucrarse. El alma se posee a sí misma y puede darse el lujo de compartirse, de ser tan generosa como la naturaleza misma. Entre más libre es el hombre, más se entrega, más ama, y más libre es.

Suleika tenía el ombligo en fase de cicatrización. Le habló a su madre y le compartió lo que el cuerpo manifestaba. "Mamá, ya corté el cordón."

Estaba a punto de terminar su ensayo y al tratar de sacar alguna lección de su proceso de vida, Suleika se dio cuenta que durante mucho tiempo había mantenido la ilusión de que para llegar a ser tenía que desarrollar grandes ideas. En su intento había dejado de ver a los demás.

En su intento se había separado de los que la habían nutrido para una vez más sentir que era alguien.

Miró hacia atrás y encontró sus raíces. En medio del bosque, acompañada de otros estaba su árbol fuerte y frondoso. Lleno de ramas y en ellas miles de hojas, daban sombra. Su alma le susurró... "no hay nada", lo miró y entendió con el corazón. Sus grandes ideas sólo eran una de tantas hojitas de una de tantas ramas que juntas le daban fuerza y color. Las hojitas vinculadas tenían forma.

Supo que no estaba sola, alguien que ya pensó, guía sus pasos y la protege. Al ser una hojita más, está sostenida por la rama, por el tronco, por las raíces y si se desprende y vuela, es mejor aún... le quedan todos los vínculos del alma.

Suleika tomó su libro, con una felicidad inmensa, se lo entregó a su marido y como el primer día, viéndose a los ojos se unieron en un beso.

Jerónimo lo leyó de corrido y tomándola en sus brazos le susurró al oído: "Siéntete libre de mí, yo siempre te voy a amar, hagas lo que hagas".

Léxico

Constelaciones familiares

Las *constelaciones familiares* son una herramienta poderosa, desarrollada por Bert Hellinger, reconocido psicoterapeuta alemán, para ver y entender el origen profundo de las experiencias y situaciones de vida que enfrentamos.

Muestran cómo los vínculos con los miembros del sistema familiar, de la organización o institución a la cual pertenecemos y el profundo amor que los caracteriza, determinan opciones, experiencias y actitudes de vida.

Las constelaciones familiares revelan cómo los secretos familiares o eventos olvidados o que creíamos sin importancia producen profundas consecuencias que, dañan a las nuevas generaciones y crean un sufrimiento hereditario. Esta novedosa técnica es un trabajo para el alma que ayuda a sanarla con propuestas muy amorosas, llegando a comprender y romper cadenas de dolor transmitidas de generación en generación.

Las constelaciones familiares son un avanzado acercamiento terapéutico que permite tratar temas como: enfermedades, suicidios, miembros excluidos, falta temprana de padre o madre, abortos, depresiones, migraciones, divorcios, adopciones, accidentes inexplicables o sucesos dramáticos que se repiten.

Ponen en evidencia la conexión amorosa y secreta que el consultante tiene con su familia en una o más generaciones. Al reconocer el vínculo que lo une con alguna persona significativa de su sistema, y que determina su vida actual, el consultante se libera de los asuntos pasados no resueltos que asume como propios aunque no le correspondan, y se permite vivir más libre y feliz.

Las constelaciones familiares, además de poner en evidencia las conexiones secretas entre los integrantes de un sistema familiar, ofrecen una nueva imagen de solución que propone mayor responsabilidad y libertad en las relaciones, así como nuevos y revolucionarios paradigmas que ejercen una influencia profunda en quienes tienen el privilegio de recibirla.

Terapia de abrazo

Es un abrazo terapéutico que se realiza con nuestros seres más significativos –padre, madre, pareja, hermanos e hijos–, dirigido a restaurar y fortalecer los vínculos con ellos a cualquier edad.

Esta técnica fue creada por la doctora Martha Welch de la Universidad de Columbia, Nueva York. Actualmente ha sido estudiada y reconocida en el plano internacional por sus excelentes resultados.

Como todas las propuestas terapéuticas, la *terapia de abrazo* busca la integración del ser humano.

Integrarse significa recuperar piezas del rompecabezas que conforma la condición humana; significa verse completo, con todos los recursos y riquezas con los que nacemos y contamos y que por sobrevivencia, para ser amados y aceptados, hemos ido arrinconando en el baúl de los recuerdos.

Integrarse es dejar de verse carente, separado. Integrarse es vincularse, unirse.

El "abrazo", además de integrar, permite rápida, profunda, eficazmente y con mucha seguridad recuperar y fortalecer la vinculación con uno mismo y con nuestros vínculos más cercanos.

Al sanar nuestras relaciones, los síntomas, las disfunciones que nos alejan, las conductas negativas que nos impiden vivir plenamente y las frustraciones existentes en cualquier etapa de nuestra vida desaparecen.

El abrazo es una interacción emocional y física intensa que despierta en los brazos seguros del otro el dolor primario profundo.

Entrar en contacto con el dolor primario en brazos seguros y amorosos, representa la oportunidad única de liberar registros negativos que determinan nuestra conducta y nuestra manera de percibir la vida. Mientras se viva con dolor el abandono de un hijo por su madre, aunque este dolor se halle tapado, el mundo se percibe negativo e inseguro. En el momento en que se toca ese dolor en un abrazo, se vuelve a sentir, pero esta vez en brazos que aman, que sostienen. La experiencia resulta entonces diferente y la percepción se modifica y se ajusta. Ahora, al sentir la herida en brazos que no abandonan, se registra y se percibe que el mundo también puede ser generoso y seguro.

Estos nuevos registros permiten ampliar la conciencia y la percepción del mundo, del otro y por lo tanto de uno.

Ver las cosas no sólo desde la perspectiva del dolor y de la carencia implica considerar que las necesidades han sido satisfechas. Éste es el camino hacia la integración del ser humano. Al ver satisfechas sus necesidades y liberado el estrés excesivo, la persona se convierte en un ser humano bueno, moral y listo para un óptimo desarrollo.

Diferencias entre abrazo con niños y con adultos

El niño depende de sus padres, no puede arriesgarse a perderlos.

El adulto depende de sí mismo; puede decirle al padre: "Sigo siendo tu hijo, pero esto ya no me sirve, puedo encontrar mi propio camino".

Con el adulto no se trata de liberar los sentimientos como salida desenfrenada. El hijo no reclama a sus padres porque esto significaría que exige como niño y no se asume como adulto. Si no se recibe a los padres significa: "Todavía no puedo tomarme a mí mismo"; además, el hijo se siente con el poder como niño 100% dependiente.

En el adulto encarar el dolor, dejando que penetre en el corazón, en el cuerpo, en el alma desde la responsabilidad de un adulto, asumiendo las consecuencias, lo libera y muestra su crecimiento. Cuando hay reclamo, afirma que no ha crecido y el mensaje es: "Yo necesito que me llenes, estoy vacío".

Esto marca una diferencia fundamental entre abrazos con adultos y niños, ya que al tratarse de niños se requiere de una larga preparación con los padres para que piensen y actúen como adultos. En los abrazos con niños, los adultos pueden verse confrontados con la duda de si están o no haciendo lo correcto, si están abusando de sus hijos al violentarlos de ese modo, o si deben abrazarlos en contra de su voluntad. Es importante que los padres sean lo más adultos posible y estén preparados para obtener buenos resultados, para que en el momento del abrazo esos padres no se cuestionen demasiado tarde, por cierto, si están haciendo lo correcto. Esto podría alterar y estancar –y digo estancar, no dañar–, el proceso de vinculación y sus beneficios.

Tales circunstancias marcan también las diferencias de la vinculación de adultos. No se requiere preparación para el abrazo. Éste puede ser diagnóstico y/o terapéutico. Muestra con claridad lo que está saboteando la relación y los movimientos futuros que se requieren para avanzar hacia un mayor bienestar y felicidad, además de desbloquear lo que impide su realización al tomar conciencia de ello. El proceso terapéutico, el proceso de vinculación es mucho más corto. El abrazo con adultos no es violento pues no va contra la voluntad ni tampoco, como en el caso de los niños, requiere de todos los movimientos físicos para alcanzar el objetivo principal del abrazo con niños: movilizar los sentimientos, expresar y liberar las emociones para reconocerlas, integrarlas y manejarlas.

Con adultos se puede acceder de manera más directa al dolor sin tener que gritar el odio y el coraje hacia los padres, como si fueran víctimas. En el caso de los adultos esto sería contraproducente, ya que al saberse sobreviviente, criticar o culpar a los padres equivale a criticarse a sí mismo, negar el canal de la vida, negarse a sí mismo y destruirse.

El proceso con adultos, más que consistir en la liberación del estrés interno, generado por la insatisfacción de las necesidades, requisito para alcanzar el amor como en el caso de los niños, quiere darle significado al camino personal de crecimiento y al de las parejas, cuando se toma la decisión de caminar juntos, asentir ante la vida el deseo de servirla ayudando a perpetuarla.

Si bien la esencia, renovar la vinculación y el amor, es la misma tanto en niños como en adultos, toma en cada caso dos sentidos diferentes. En la infancia tiene un significado particular en relación con el proceso de vida y en la etapa adulta, otro. La conciencia infantil es totalmente distinta de la conciencia adulta.

Estas consideraciones permiten enfocar de manera distinta el trabajo con adultos. Ofrecen la oportunidad de ser mucho más incisivo que con la vinculación padres-niños, logrando deshacer enredos, aclarar las ambivalencias amor-odio en las relaciones y percibirlas de manera nueva, en la que no les queda a los implicados ninguna otra alternativa que aceptar su responsabilidad, así como lo que tienen que resolver, crecer o asimilar a lo largo de su vida.

Y aunque la esencia es la misma, para el abrazo con niños está disponible el libro de la doctora Martha Welch, *Holding Time*. En él se exponen de manera muy clara y amena los objetivos del abrazo con niños, el impacto neurológico y los resultados que se obtienen.

Terapia de vinculación

Para aprovechar al máximo los beneficios del abrazo, Vincalma sugiere un proceso previo de preparación llamado *terapia de vinculación*. Aunque la vinculación profunda se logra con el abrazo. La terapia de vinculación impulsa el proceso de vida. Incluye las constelaciones familiares y la terapia de abrazo, así como herramientas y técnicas de enfoque centradas en la persona tal como la concibe Rogers, en técnicas de terapia familiar sistémica, de programación neurolingüística y de percepción unitaria.

Enfoque sistémico

El *enfoque sistémico* consiste en ver al sistema en general y no sólo una parte del sistema en particular. En terapia esto significa que por ser parte de un sistema el individuo responde más a lo que el sistema pide que a sí mismo. Sin embargo, cada parte del sistema es importante y debe incluirse siempre.

Poder personal

Está en nosotros. Es nuestra energía. Nace con nosotros. Reside en cada uno de los hombres y mujeres. Es nuestro motor y no actúa solo. Acompañado de nuestras heridas, necesidades insatisfechas, emociones y pensamientos, interior oculto y expresión externa del ser, siempre se encuentra activo. Nos permite cumplir con nuestra misión personal.

La mayoría de las veces se olvida que existe. Se piensa que lo que sucede es un capricho del destino y no vemos que es nuestro poder el que nos invita a experimentar ciertas facetas de la vida, aliado a ella. La vida y el poder personal van de la mano. El poder personal aprende a respetarse a la vez que sabe fluir con la vida. El poder personal es la vida que fluye. La vida, más sabia que el ego, invita a reconocerla para saber qué está pidiendo, a qué necesidad estoy respondiendo, para no luchar ni con ella ni con él, sólo alinearnos, de la mano, caminando...

Alinearse con el poder personal... Es una clara sensación de estar en el propio centro. No caminar sin rumbo movido por distintos vientos. Se maneja el timón del propio barco y se sabe que hay momentos de tormenta en los que se tiene que redoblar esfuerzos y hay momentos en los que se puede soltar el control y dejarse llevar por la corriente.

Es ser, sin máscaras. Asumir desde la conciencia adulta lo que se es. Quiere decir que no siempre se es inocente. Porque la conciencia adulta unificada reconoce ambas caras de la moneda: la culpa y la inocencia a la vez.

Vincalma

El proyecto Vincalma, apócope de *vínculos del alma*, se inició en 1995. Su objetivo consiste en llevar a todos los rincones del mundo el abrazo para darles a las nuevas generaciones la posibilidad de vivir más libre y plenamente, desarrollando al máximo sus potencialidades y creando una sociedad más amorosa. Una sociedad vinculada y consciente, más regida por la unidad del alma, consciente de la necesidad de separación como finalidad en sí para convertirla en método de control.

El hedonismo y la vida feliz: la teoría epicúrea del placer, por Erik Anderson
(traducción al español de Sergio Sotomayor Prat)

Epicuro de Samos (341-270 a.C.) es aclamado universalmente como el filósofo campeón del hedonismo, pero su visión sobre el tema del placer no suele ser comprendida cabalmente. Muchos historiadores medievales lo representan como un glotón licencioso, mientras que muchos de los modernos lo describen como un predicador de "placeres con moderación", o incluso como un asceta. Ninguna de estas representaciones es correcta. Sin embargo, la doctrina que él enseñó hace largo tiempo en su jardín en Atenas es igualmente inspiradora y convincente aún en nuestros días y, por tanto, digna de nuestra investigación.

Epicuro abogaba por una vida de continuo placer como clave para la felicidad: el objetivo de sus enseñanzas morales. Su gran perspicacia para satisfacer este fin consistía en identificar el límite de nuestra habilidad para experimentar el placer en cualquier momento. Estableció que a partir de un determinado nivel máximo, no es posible que el placer tenga un incremento de intensidad, aunque es probable que las sensaciones que sostienen este dichoso pináculo del placer varíen continuamente. Denominó a esta experiencia punta *ataraxia*, palabra griega que significa "imperturbabilidad".

Ésta es una definición importante, toda vez que la noción de placer es concebida comúnmente como la de algo que excita los sentidos; pero éste no es siempre el caso. Epicuro clasificó a los placeres sensuales como placeres en movimiento; ellos nos mueven a su vez hacia otro tipo de placer: el estado de ataraxia, que es placentero por sí mismo. Epicuro no urgió a sus estudiantes a embarcarse precipitadamente en una persecución interminable de la estimulación transitoria, sino más bien a la búsqueda de una saciedad perdurable. Esta propuesta no significaba desestimar la sensualidad como vicio, sino establecer, más bien, la relación adecuada entre los tipos de placer.

Para Epicuro la presencia del placer es sinónimo de ausencia de dolor, o de cualquier tipo de aflicción: el hambre, la tensión sexual, el aburrimiento, etcétera. El proceso de eliminar estos problemas ciertamente conlleva placeres sensuales. Epicuro escribió una vez: "Yo no sé cómo puedo concebir lo bueno, si elimino los placeres del gusto, y elimino los placeres del amor, y elimino los placeres del oído, y elimino las emociones placenteras causadas por la visión de una hermosa forma". Sin embargo, por más estimulante que sea este proceso, se trata sólo de un medio para perseguir un fin: la satisfacción.

Considerar esta persecución como un fin en sí mismo, por contraste, inevitablemente nos conduciría a las ansiedades de la adicción.

"Ningún placer es algo malo en sí", continúa Epicuro diciéndonos en sus Doctrinas Principales, "pero los medios que producen algunos placeres conllevan alteraciones que muchas veces son mayores que los mismos placeres". Para ayudar a la especie humana a escoger sabiamente sus placeres, sabemos que Epicuro escribió un libro titulado *Sobre opción y abstinencia*, pero este manuscrito no ha llegado hasta nosotros. Afortunadamente, contamos con otros trabajos suyos (junto con los comentarios de otros seguidores del epicureísmo a lo largo de la historia), suficientes para capacitarnos en la reconstrucción de sus buenos consejos. Una máxima que ha llegado hasta nosotros, tomada de las Doctrinas Principales, sirve adecuadamente como punto de partida: "Entre los deseos, algunos son naturales y necesarios, algunos naturales y no necesarios, y otros ni naturales ni necesarios, sólo consagrados a la opinión vana". Nuestra disposición hacia cada uno de estos casos determina si estamos aptos para intensificar o minar nuestra felicidad a lo largo del tiempo.

La clase de los deseos "naturales y necesarios" es la de aquellas ansias que necesariamente conducen a mayores penas si no son satisfechas; sin embargo, en circunstancias normales, pueden ser satisfechas de manera más bien fácil. Éstas incluyen nuestras necesidades físicas básicas, entre ellas una principal es la alimentación (con respecto a esto, Epicuro escribió su epigrama de mayor notoriedad: "la felicidad comienza en el estómago", un dicho que originó la imagen de Epicuro, históricamente imprecisa, como conocedor culinario y dio origen a que en el idioma inglés se acuñase la palabra *epicure* para referirse a una persona de gustos refinados, especialmente en comer y beber). La salud, el abrigo y el sentido de seguridad también pertenecen a esta categoría.

La clase de deseos "naturales e innecesarios" son aquellas ansias que no necesariamente conducen a mayor sufrimiento si no son satisfechas, aunque, una vez más, su satisfacción pudiera obtenerse fácilmente. Estos apetitos son aquellos de naturaleza recreativa: la gratificación sexual, la conversación placentera, las artes, los deportes, los viajes, etcétera.

Finalmente, la clase de deseos "innaturales e innecesarios" corresponde a aquellas ansias que no necesariamente conducen a un mayor sufrimiento de no ser satisfechas, sino que más bien se materializan al precio de una carga permanente; tal es el caso de la fama, el poder político, la riqueza extraordinaria y otras ambiciones que conllevan los atavíos del prestigio.

Al tratar con cada una de las clases de deseos, Epicuro recomienda las siguientes estrategias: 1) Deberíamos intentar satisfacer los deseos necesarios de la forma más económica posible. Así, una dieta predominantemente simple y nutritiva satisfará el hambre y la salud, una morada modesta puede adecuadamente proveer bienestar físico, y las buenas amistades mucho servirán para ayudarse mutuamente en tiempos de infortunio.

El estudio de la naturaleza del universo, de forma tal que podamos confiadamente rechazar los absurdos de las supersticiones, es también esencial para mejorar nuestro sentido de seguridad 2) Nuestra eficiencia al enfrentar lo anterior nos otorga más libertad y recursos para explorar la gran variedad de deseos "naturales e innecesarios". Podemos perseguir esto hasta la satisfacción de nuestro corazón, es decir, hasta el punto del placer máximo –pero no más allá, no sea que interfiramos con nuestros objetivos establecidos en el punto 1) Por ejemplo, nunca deberíamos arriesgar nuestra salud, nuestras amistades, nuestras finanzas o nuestra condición legal por perseguir un deseo innecesario. Ante tal coyuntura, lo mejor es desviar nuestra atención hacia algún otro deseo en esta abundante categoría a fin de no admitir que nuestros placeres se mezclen con las perspectivas de un sufrimiento futuro. 3) Finalmente, llegamos a los deseos "innaturales e innecesarios", para los cuales el consejo de Epicuro es inequívoco: deberíamos evitarlos por completo. El placer producido por la satisfacción de deseos innaturales es demasiado efímero para ser digno de nuestra persecución cuando se les compara con el largo alcance de los respectivos costos. Podemos, por ejemplo, paladear los logros de la fama; sin embargo, en nuestro siglo lo sabemos de sobra, aunque duren sólo 15 minutos es posible que después tengamos que soportar a los cazadores de noticias por un larguísimo tiempo. El poder político atrae a usurpadores y asesinos; la riqueza opulenta atrae a ladrones y políticos (o a los recaudadores de impuestos). No es novedad alguna que una máxima epicúrea sentencie: "¡Vive en el anonimato!"

Aunque buena parte de este consejo parezca del más mínimo sentido común, ¿cuántos de nosotros hemos tratado muy a menudo de vivir fuera del sentido común: conduciéndonos más allá de nuestros medios, actuando en contra de nuestro buen juicio para cubrir las apariencias, convirtiéndonos en alcohólicos, trabajólicos, adictos a la comida chatarra –aunque "bien lo sabemos?" Una gran cantidad de moralistas nos imploran que conduzcamos nuestros asuntos más sabiamente, pero somos propensos a rechazar sus métodos: ellos condenan nuestro deseo natural por el placer como pecaminoso, y luego continúan encasillando la moralidad en términos de intereses abstractos de la "sociedad", o por los oscuros edictos de una deidad invisible. Cuando nos ajustamos a este camino, ¿estamos más inclinados a someternos o a rebelarnos a ese consejo, ante la exasperación del momento?

El mensaje epicúreo, sin embargo, con su enfoque sobre el placer como base natural de la moralidad, tiene más fuerza para resistir. Cuando un epicúreo contempla el placer, lo hace ponderando más ampliamente cómo lograr que éste se maximice. Puede abstenerse de ciertos placeres, pero actúa así para ganar aún más placer en el futuro, de manera alguna para desechar el placer en sí mismo. Es más, cualquiera de nosotros puede entrar en contacto con nuestros sentimientos en cualquier situación, si nos molestamos en hacer una pausa en busca de un momento de introspección: todos estamos calificados para convertirnos en nuestros propios intérpretes morales.

En el antiguo mundo del Mediterráneo, la filosofía epicúrea ganó un sinnúmero de adherentes. Fue una escuela de pensamiento muy prominente cuyo influjo después de la muerte de Epicuro se prolongó durante siete siglos; pero, subsiguientemente, se vio forzada a una virtual inexistencia ante la violenta embestida de la Edad Media. Fue en el curso de ese sombrío periodo de la historia cuando la especie humana desacreditó, perdió y destruyó la mayor parte de los escritos de Epicuro. Hoy, en cambio, al rayar el alba de la era de la información, las remanentes doctrinas epicúreas están disponibles en todo el mundo a través de Internet, en documentos interconectados con el nuevo formato de hipertexto. El ideal de felicidad en virtud de los placeres perpetuos puede nuevamente llegar a ser prominente.

Bibliografía

Aschenbach, T.M. y C. Edelbrock, *Manual for the Child Behavior. Checklist and Revised Child Behavior Profile*, Burlington, VT: University of Vermont, 1991.

Barocio, Rosa, *Disciplina con amor*, Editorial Pax México, México, 2004.

Berne, Eric, *Análisis transaccional en la psicoterapia*, Psique, Buenos Aires.

Bobin, Christian, *Geai*, Gallimard, París, 1998.

———, *La lumière de monde*, Gallimard, París, 2001.

Bradshsaw, John, *Volver a la niñez*, Editorial Selector, 14a. reimp., México, 1999.

Branden, N., "Cómo llegar a ser autorresponsable", en *Hacia una vida autónoma independiente*, Editorial Paidós, Barcelona, 1997, cap. 6.

Byron, Kate, *Amar lo que es*, Editorial Urano, Barcelona, 2002.

Capra, F., *et al.*, *El espíritu de la ciencia*, Editorial Kairos, 1a ed., Barcelona, 2000.

Coelho, Paulo, *El Zahir*, Editorial Planeta, México, 2005.

———, *El Don que cada uno lleva dentro*, Editorial Grijalbo, Barcelona, 2003.

———, *La quinta montaña,* Editorial Grijalbo, Barcelona, 1998.

Dalai Lama y H. Cutler, *The art of happiness*, Riverhead Books, Nueva York, 1998.

De Mello, Antonio, *La oración de la rana 1*, Editorial Sal Térrea, 3a. ed., Madrid, 1989.

———, *Un camino de oración*, Editorial Sal Térrea, 14a. ed., Madrid, 1989.

Franke, Ursula, *Cuando cierro los ojos te puedo ver*, Editorial Alma Lepik, Buenos Aires, 2001.

Fromm, Erich, *El amor a la vida*, Editorial Paidós Studio, México, 1990.

———, *El arte de amar*, Editorial Paidós, 3a. reimp., Barcelona, 1981.

Gordon, Thomas, *"P.E.T." Padres eficaz y técnicamente preparados*, Editorial Diana, 28a. ed., México, 1999.

Grandim, Margaret, *Atravesando las puertas del autismo*, Editorial Paidós, Barcelona, 1997.

Grecco, Eduardo H., *Sexualidad, erotismo y vínculos del amor*, A y M Graphics, Barcelona, 2001.

Grof, Stanislav, *Psicología traspersonal*, Editorial Kairos, Barcelona, 1988.

Hendricks, Gay y Kathleen, *El arte de la intimidad*, Editorial Pax México, caps. II, IV, V, VI, México.

Hellinger, Bert, *Órdenes en el amor*, Editorial Herder, 1a. ed., Barcelona, 2001.

———— y Gabriele, Ten Hövel, *Reconocer lo que es*, Editorial Herder, 2a. ed., Barcelona, 2001.

————, *El centro se distingue por su levedad*, Editorial Herder, 1a. ed., Barcelona, 2002.

———— y Gabriela,Ten Hövel, *Los órdenes de la ayuda*, Editorial Alma Lepik, Buenos Aires, 2006.

Jardin, Alexandre, *L'ile des gauchers*, Gallimard, Francia, 1995.

Jung, C.G. *Formaciones de lo inconsciente*, Editorial Paidós, Barcelona.

————, *Psicología y simbólica del arquetipo*, Editorial Paidós, Barcelona.

————, *Los complejos del inconsciente*, Alianza, Madrid, 2001.

Kristeva, Julia, *Etrangers a nous mêmes*, Gallimard, París, 1988.

Kubler, Ross Elizabeth, *La muerte, un amanecer*, Editorial Luciérnaga, Barcelona, 2005.

Leep, Ignace, *La comunicación de las existencias*, Editorial Carlos Lohle, Buenos Aires, 1964.

————, *La existencia auténtica*, Ediciones Carlos Lohlé, Buenos Aires, 1977.

Moir, Anne y David Jessel, *Brain sex*, Editorial Laurel, EUA, 1992.

Moore, Thomas, *El alma del sexo*, Plaza y Janés Editores, Barcelona, 1999.

Morin, Edgar, *Amour, Poesie, Sagesse*, Editorial Points Adagp, París, 1999.

Odent, Michel, *El bebé es un mamífero*, Editorial Mandala, 1a. ed., Madrid, 1990.

Pasdermadjian, H., *Histoire de l'Arménie*, Librarie Oventele H., Samuelian, París, 1986.

Pierrakos, Eva, *Del miedo al amor*, Editorial Pax México, México, 1993.

————, *No temas al mal*, Editorial Pax México, México, 1989.

Prekop, Jirina, *El pequeño tirano. Autoridad, permisividad, terapia*, Editorial Herder, 1a. ed., Barcelona, 1991.

————, *Si me hubieras sujetado. Bases y práctica e la terapia de contención*, Editorial Herder, 1a. ed., Barcelona, 1991.

Rincón Gallardo, Laura, *El abrazo que lleva al amor*, Editorial Pax México, 1a. ed., México, 2006.

Stevens, John O., *El darse cuenta. Sentir, imaginar, vivenciar*, Editorial Cuatro Vientos, 1a. ed., México, 2000.

Rogers, Carl, *El proceso de convertirse en persona*, Editorial Paidós, Buenos Aires, 1979.

Ruiz, Miguel, *La maestra del amor*, Editorial Urano, Barcelona, 2001.

————, *Los cuatro acuerdos*, Editorial Urano, Barcelona, 1998.

Satir, Virginia, *Nuevas relaciones humanas en el núcleo familiar*, Editorial Pax México, 6a. reimp., México, 1991.

Schützenberger, Anne Ancelin, *Aïe mes aïeux*, La Médienne, Desclée de Browwer, Normandie, 15a. ed., 2004.

Sheldrake, Rupert, *Una nueva ciencia de la vida*, Editorial Kairos, Barcelona, 1990.

Snunit, Mijal, *El pájaro del alma*, Fondo de Cultura Económica, 6a. reimp., México, 1999.

Sogyal, Rimpoché, *El libro tibetano de la vida y de la muerte*, prólogo del Dalai Lama, Editorial Urano, Barcelona.

Thesenga, Susan, *Vivir sin máscaras*, Editorial Pax México, México, 1995.

Valdez Castellanos, Luis, *Comunicación y manejo de sentimientos*, Editorial Apoyo Educativo/CEB Cerro del Judío, 2a. ed., México, 1992.

Verny, Thomas, *La vie secrète de l'enfant avant sa naissance*, Grasset, París, 1982.

Weber, Gunthard, *Felicidad dual. Bert Hellinger y su psicoterapia sistémica*, Editorial Herder, 1a. ed., Madrid, 1999.

Weiss, Brian L. *Lazos de amor*, Grupo Zeta, 9a. ed., Barcelona, 1996.

————, *Muchas vidas, muchos sabios*, Simon and Schuster/Aguilar, México, 1998.

————, *A través del tiempo*, Ediciones B, Barcelona, 1995.

————, *Los mensajes de los sabios*, Ediciones B, Barcelona, 2000.

Welch, Martha, *Holding Time*, Simon and Schuster, Nueva York, 1998.

————, *"Holding Time". The Breakthrough program for happy mothers and living, self-confident children without tantrums, tugs-of-war, or sibling rivalry*, edición Fireside, 1a. ed., Nueva York, 1988.

———— y P. Chaput, "Mother-child holding therapy and autism", Pa Med 1988, 91:33-38.

————, R.S. Northrup, Wlch-Horan T.B., Ludwig R.J., Austin, C.L. y J.S. Jacobson, "Outcomes of Prolonged Parent-Child Embrace Therapy among 103 children with behavioral disorders", Complement Ther Clin Pract 12 (2006), pp. 3-12.

————, "Retrieval from autism through mother-child holding therapy", en N. Tinbergen y E.A. Tinbergen, *"Autistic" children: new hoope for a cure*, George Allen and Unwin, Londres, 1983, pp. 322-336.

Esta obra se terminó de imprimir
en marzo de 2008, en los Talleres de

IREMA, S.A. de C.V.
Oculistas No. 43, Col. Sifón
09400, Iztapalapa, D.F.